T&P BOOKS

I0196768

ÁRABE

VOCABULÁRIO

PALAVRAS MAIS ÚTEIS

PORTUGUÊS ÁRABE EGÍPCIO

Para alargar o seu léxico e apurar as suas competências linguísticas

5000 palavras

Vocabulário Português-Árabe Egípcio - 5000 palavras
Por Andrey Taranov

Os vocabulários da T&P Books destinam-se a ajudar a aprender, a memorizar, e a rever palavras estrangeiras. O dicionário é dividido em temas, cobrindo todas as principais esferas de atividades quotidianas, negócios, ciência, cultura, etc.

O processo de aprendizagem, utilizando os dicionários baseados em temáticas da T&P Books dá-lhe as seguintes vantagens:

- Informação de origem corretamente agrupada predetermina o sucesso em fases subsequentes da memorização de palavras
- Disponibilização de palavras derivadas da mesma raiz, o que permite a memorização de unidades de texto (em vez de palavras separadas)
- Pequenas unidades de palavras facilitam o processo de estabelecimento de vínculos associativos necessários para a consolidação do vocabulário
- O nível de conhecimento da língua pode ser estimado pelo número de palavras aprendidas

T&P Books Publishing
www.tpbooks.com

ISBN: 978-1-78716-774-2

Este livro também está disponível em formato E-book.
Por favor visite www.tpbooks.com ou as principais livrarias on-line.

VOCABULÁRIO ÁRABE EGÍPCIO
palavras mais úteis

Os vocabulários da T&P Books destinam-se a ajudar a aprender, a memorizar, e a rever palavras estrangeiras. O vocabulário contém mais de 5000 palavras de uso comum organizadas tematicamente.

O vocabulário contém as palavras mais comummente usadas
Recomendado como adicional para qualquer curso de línguas
Satisfaz as necessidades dos iniciados e dos alunos avançados de línguas estrangeiras
Conveniente para o uso diário, sessões de revisão e atividades de auto-teste
Permite avaliar o seu vocabulário

Características especias do vocabulário

- As palavras estão organizadas de acordo com o seu significado, e não por ordem alfabética
- As palavras são apresentadas em três colunas para facilitar os processos de revisão e auto-teste
- As palavras compostas são divididas em pequenos blocos para facilitar o processo de aprendizagem
- O vocabulário oferece uma transcrição simples e adequada de cada palavra estrangeira

O vocabulário contém 155 tópicos incluindo:

Conceitos básicos, Números, Cores, Meses, Estações do ano, Unidades de medida, Roupas & Acessórios, Alimentos & Nutrição, Restaurante, Membros da Família, Parentes, Caráter, Sentimentos, Emoções, Doenças, Cidade, Passeios, Compras, Dinheiro, Casa, Lar, Escritório, Trabalho no Escritório, Importação & Exportação, Marketing, Pesquisa de Emprego, Desportos, Educação, Computador, Internet, Ferramentas, Natureza, Países, Nacionalidades e muito mais ...

TABELA DE CONTEÚDOS

Guia de pronunciação 9
Abreviaturas 11

CONCEITOS BÁSICOS 12
Conceitos básicos. Parte 1 12

1. Pronomes 12
2. Cumprimentos. Saudações. Despedidas 12
3. Como se dirigir a alguém 13
4. Números cardinais. Parte 1 13
5. Números cardinais. Parte 2 14
6. Números ordinais 15
7. Números. Frações 15
8. Números. Operações básicas 15
9. Números. Diversos 15
10. Os verbos mais importantes. Parte 1 16
11. Os verbos mais importantes. Parte 2 17
12. Os verbos mais importantes. Parte 3 18
13. Os verbos mais importantes. Parte 4 19
14. Cores 19
15. Questões 20
16. Preposições 21
17. Palavras funcionais. Advérbios. Parte 1 21
18. Palavras funcionais. Advérbios. Parte 2 23

Conceitos básicos. Parte 2 25

19. Dias da semana 25
20. Horas. Dia e noite 25
21. Meses. Estações 26
22. Unidades de medida 28
23. Recipientes 28

O SER HUMANO 30
O ser humano. O corpo 30

24. Cabeça 30
25. Corpo humano 31

Vestuário & Acessórios 32

26. Roupa exterior. Casacos 32
27. Vestuário de homem & mulher 32

28. Vestuário. Roupa interior 33
29. Adereços de cabeça 33
30. Calçado 33
31. Acessórios pessoais 34
32. Vestuário. Diversos 34
33. Cuidados pessoais. Cosméticos 35
34. Relógios de pulso. Relógios 36

Alimentação. Nutrição 37

35. Comida 37
36. Bebidas 38
37. Vegetais 39
38. Frutos. Nozes 40
39. Pão. Bolaria 41
40. Pratos cozinhados 41
41. Especiarias 42
42. Refeições 43
43. Por a mesa 43
44. Restaurante 44

Família, parentes e amigos 45

45. Informação pessoal. Formulários 45
46. Membros da família. Parentes 45

Medicina 47

47. Doenças 47
48. Sintomas. Tratamentos. Parte 1 48
49. Sintomas. Tratamentos. Parte 2 49
50. Sintomas. Tratamentos. Parte 3 50
51. Médicos 51
52. Medicina. Drogas. Acessórios 51

HABITAT HUMANO 53
Cidade 53

53. Cidade. Vida na cidade 53
54. Instituições urbanas 54
55. Sinais 55
56. Transportes urbanos 56
57. Turismo 57
58. Compras 58
59. Dinheiro 59
60. Correios. Serviço postal 60

Moradia. Casa. Lar 61

61. Casa. Eletricidade 61

62. Moradia. Mansão 61
63. Apartamento 61
64. Mobiliário. Interior 62
65. Quarto de dormir 63
66. Cozinha 63
67. Casa de banho 64
68. Eletrodomésticos 65

ATIVIDADES HUMANAS 66
Emprego. Negócios. Parte 1 66

69. Escritório. O trabalho no escritório 66
70. Processos negociais. Parte 1 67
71. Processos negociais. Parte 2 68
72. Produção. Trabalhos 69
73. Contrato. Acordo 70
74. Importação & Exportação 71
75. Finanças 71
76. Marketing 72
77. Publicidade 72
78. Banca 73
79. Telefone. Conversação telefónica 74
80. Telefone móvel 75
81. Estacionário 75
82. Tipos de negócios 75

Emprego. Negócios. Parte 2 78

83. Espetáculo. Feira 78
84. Ciência. Investigação. Cientistas 79

Profissões e ocupações 80

85. Procura de emprego. Demissão 80
86. Gente de negócios 80
87. Profissões de serviços 81
88. Profissões militares e postos 82
89. Oficiais. Padres 83
90. Profissões agrícolas 83
91. Profissões artísticas 84
92. Várias profissões 84
93. Ocupações. Estatuto social 86

Educação 87

94. Escola 87
95. Colégio. Universidade 88
96. Ciências. Disciplinas 89
97. Sistema de escrita. Ortografia 89
98. Línguas estrangeiras 90

Descanso. Entretenimento. Viagens 92

99. Viagens 92
100. Hotel 92

EQUIPAMENTO TÉCNICO. TRANSPORTES 94
Equipamento técnico. Transportes 94

101. Computador 94
102. Internet. E-mail 95
103. Eletricidade 96
104. Ferramentas 96

Transportes 99

105. Avião 99
106. Comboio 100
107. Barco 101
108. Aeroporto 102

Eventos 104

109. Férias. Evento 104
110. Funerais. Enterro 105
111. Guerra. Soldados 105
112. Guerra. Ações militares. Parte 1 107
113. Guerra. Ações militares. Parte 2 108
114. Armas 109
115. Povos da antiguidade 111
116. Idade média 112
117. Líder. Chefe. Autoridades 113
118. Viloação da lei. Criminosos. Parte 1 114
119. Viloação da lei. Criminosos. Parte 2 115
120. Polícia. Lei. Parte 1 116
121. Polícia. Lei. Parte 2 117

NATUREZA 119
A Terra. Parte 1 119

122. Espaço sideral 119
123. A Terra 120
124. Pontos cardeais 121
125. Mar. Oceano 121
126. Nomes de Mares e Oceanos 122
127. Montanhas 123
128. Nomes de montanhas 124
129. Rios 124
130. Nomes de rios 125
131. Floresta 125
132. Recursos naturais 126

A Terra. Parte 2 128

133. Tempo 128
134. Tempo extremo. Catástrofes naturais 129

Fauna 130

135. Mamíferos. Predadores 130
136. Animais selvagens 130
137. Animais domésticos 131
138. Pássaros 132
139. Peixes. Animais marinhos 134
140. Amfíbios. Répteis 134
141. Insetos 135

Flora 136

142. Árvores 136
143. Arbustos 136
144. Frutos. Bagas 137
145. Flores. Plantas 138
146. Cereais, grãos 139

PAÍSES. NACIONALIDADES 140

147. Europa Ocidental 140
148. Europa Central e de Leste 140
149. Países da ex-URSS 141
150. Asia 141
151. América do Norte 142
152. América Central do Sul 142
153. Africa 143
154. Austrália. Oceania 143
155. Cidades 143

GUIA DE PRONUNCIAÇÃO

Alfabeto fonético T&P	Exemplo Árabe Egípcio	Exemplo Português
[a]	[ṭaffa] طفّى	chamar
[ā]	[eχtār] إختار	rapaz
[e]	[setta] ستّة	metal
[i]	[minā'] ميناء	sinónimo
[ī]	[ebrīl] إبريل	cair
[o]	[oɣosṭos] أغسطس	lobo
[ō]	[ḥalazōn] حلزون	albatroz
[u]	[kalkutta] كلكتا	bonita
[ū]	[gamūs] جاموس	trabalho
[b]	[bedāya] بداية	barril
[d]	[sa'āda] سعادة	dentista
[ḍ]	[waḍ'] وضع	[d] faringealizaçãda
[ʒ]	[arʒantīn] الأرجنتين	talvez
[ẓ]	[ẓahar] ظهر	[z] faringealizaçãda
[f]	[χafīf] خفيف	safári
[g]	[bahga] بهجة	gosto
[h]	[ettegāh] إتّجاه	[h] aspirada
[ḥ]	[ḥabb] حبّ	[h] faringealizaçãda
[y]	[dahaby] ذهبي	géiser
[k]	[korsy] كرسي	kiwi
[l]	[lammaḥ] لمّح	libra
[m]	[marṣad] مرصد	magnólia
[n]	[ganūb] جنوب	natureza
[p]	[kaputʃino] كابتشينو	presente
[q]	[wasaq] وثق	teckel
[r]	[roḥe] روح	riscar
[s]	[soχreya] سخرية	sanita
[ṣ]	[me'ṣam] معصم	[s] faringealizaçãda
[ʃ]	['aʃā'] عشاء	mês
[t]	[tanūb] تنوب	tulipa
[ṭ]	[χarīṭa] خريطة	[t] faringealizaçãda
[θ]	[mamūθ] ماموث	[s] - fricativa dental surda não-sibilante
[v]	[vietnām] فيتنام	fava
[w]	[wadda'] ودّع	página web
[χ]	[baχīl] بخيل	fricativa uvular surda
[ɣ]	[etɣadda] إتغدّى	agora

Alfabeto fonético T&P	Exemplo Árabe Egípcio	Exemplo Português
[z]	[me'za] معزة	sésamo
['] (ayn)	[sab'a] سبعة	fricativa faríngea sonora
['] (hamza)	[sa'al] سأل	oclusiva glotal

ABREVIATURAS usadas no vocabulário

Abreviaturas do Árabe Egípcio

du	-	substantivo plural (duplo)
f	-	nome feminino
m	-	nome masculino
pl	-	plural

Abreviaturas do Português

adj	-	adjetivo
adv	-	advérbio
anim.	-	animado
conj.	-	conjunção
desp.	-	desporto
etc.	-	etecetra
ex.	-	por exemplo
f	-	nome feminino
f pl	-	feminino plural
fem.	-	feminino
inanim.	-	inanimado
m	-	nome masculino
m pl	-	masculino plural
m, f	-	masculino, feminino
masc.	-	masculino
mat.	-	matemática
mil.	-	militar
pl	-	plural
prep.	-	preposição
pron.	-	pronome
sb.	-	sobre
sing.	-	singular
v aux	-	verbo auxiliar
vi	-	verbo intransitivo
vi, vt	-	verbo intransitivo, transitivo
vr	-	verbo reflexivo
vt	-	verbo transitivo

CONCEITOS BÁSICOS

Conceitos básicos. Parte 1

1. Pronomes

eu	ana	أنا
tu (masc.)	enta	أنت
tu (fem.)	enty	أنت
ele	howwa	هوّ
ela	hiya	هيّ
nós	eḥna	إحنا
vocês	antom	أنتم
eles, elas	hamm	همّ

2. Cumprimentos. Saudações. Despedidas

Bom dia! (formal)	assalamu 'alaykum!	السلام عليكم!
Bom dia! (de manhã)	ṣabāḥ el χeyr!	صباح الخير!
Boa tarde!	neharak sa'īd!	نهارك سعيد!
Boa noite!	masā' el χeyr!	مساء الخير!
cumprimentar (vt)	sallem	سلّم
Olá!	ahlan!	أهلاً!
saudação (f)	salām (m)	سلام
saudar (vt)	sallem 'ala	سلّم على
Como vai?	ezzayek?	ازّيك؟
O que há de novo?	aχbārak eyh?	أخبارك ايه؟
Até à vista!	ma' el salāma!	مع السلامة!
Até breve!	aʃūfak orayeb!	أشوفك قريب!
Adeus!	ma' el salāma!	مع السلامة!
despedir-se (vr)	wadda'	ودّع
Até logo!	bay bay!	باي باي!
Obrigado! -a!	ʃokran!	شكراً!
Muito obrigado! -a!	ʃokran geddan!	شكراً جداً!
De nada	el 'afw	العفو
Não tem de quê	la ʃokr 'ala wāgeb	لا شكر على واجب
De nada	el 'afw	العفو
Desculpa!	'an eznak!	عن إذنك!
Desculpe!	ba'd ezn ḥadretak!	بعد إذن حضرتك!
desculpar (vt)	'azar	عذر
desculpar-se (vr)	e'tazar	أعتذر

As minhas desculpas	ana 'āsef	أنا آسف
Desculpe!	ana 'āsef!	أنا آسف!
perdoar (vt)	'afa	عفا
por favor	men faḍlak	من فضلك
Não se esqueça!	ma tensāʃ!	ما تنساش!
Certamente! Claro!	ṭab'an!	طبعاً!
Claro que não!	la' ṭab'an!	لأ طبعاً!
Está bem! De acordo!	ettafa'na!	إتّفقنا!
Basta!	kefāya!	كفاية!

3. Como se dirigir a alguém

senhor	ya ostāz	يا أستاذ
senhora	ya madām	يا مدام
rapariga	ya 'ānesa	يا آنسة
rapaz	ya ostāz	يا أستاذ
menino	yabny	يا ابني
menina	ya benty	يا بنتي

4. Números cardinais. Parte 1

zero	ṣefr	صفر
um	wāḥed	واحد
uma	waḥda	واحدة
dois	etneyn	إتنين
três	talāta	ثلاثة
quatro	arba'a	أربعة
cinco	χamsa	خمسة
seis	setta	ستّة
sete	sab'a	سبعة
oito	tamanya	ثمانية
nove	tes'a	تسعة
dez	'aʃara	عشرة
onze	ḥedāʃar	حداشر
doze	etnāʃar	إتناشر
treze	talattāʃar	تلاتّاشر
catorze	arba'tāʃer	أربعتاشر
quinze	χamastāʃer	خمستاشر
dezasseis	settāʃar	ستّاشر
dezassete	saba'tāʃar	سبعتاشر
dezoito	tamantāʃar	تمنتاشر
dezanove	tes'atāʃar	تسعتاشر
vinte	'eʃrīn	عشرين
vinte e um	wāḥed we 'eʃrīn	واحد وعشرين
vinte e dois	etneyn we 'eʃrīn	إتنين وعشرين
vinte e três	talāta we 'eʃrīn	ثلاثة وعشرين
trinta	talatīn	ثلاثين

trinta e um	wāḥed we talatīn	واحد وتلاتين
trinta e dois	etneyn we talatīn	إتنين وتلاتين
trinta e três	talāta we talatīn	ثلاثة وثلاثين
quarenta	arbeʿīn	أربعين
quarenta e um	wāḥed we arbeʿīn	واحد وأربعين
quarenta e dois	etneyn we arbeʿīn	إتنين وأربعين
quarenta e três	talāta we arbeʿīn	ثلاثة وأربعين
cinquenta	χamsīn	خمسين
cinquenta e um	wāḥed we χamsīn	واحد وخمسين
cinquenta e dois	etneyn we χamsīn	إتنين وخمسين
cinquenta e três	talāta we χamsīn	ثلاثة وخمسين
sessenta	settīn	ستّين
sessenta e um	wāḥed we settīn	واحد وستّين
sessenta e dois	etneyn we settīn	إتنين وستّين
sessenta e três	talāta we settīn	ثلاثة وستّين
setenta	sabʿīn	سبعين
setenta e um	wāḥed we sabʿīn	واحد وسبعين
setenta e dois	etneyn we sabʿīn	إتنين وسبعين
setenta e três	talāta we sabʿīn	ثلاثة وسبعين
oitenta	tamanīn	ثمانين
oitenta e um	wāḥed we tamanīn	واحد وتمانين
oitenta e dois	etneyn we tamanīn	إتنين وتمانين
oitenta e três	talāta we tamanīn	ثلاثة وثمانين
noventa	tesʿīn	تسعين
noventa e um	wāḥed we tesʿīn	واحد وتسعين
noventa e dois	etneyn we tesʿīn	إتنين وتسعين
noventa e três	talāta we tesʿīn	ثلاثة وتسعين

5. Números cardinais. Parte 2

cem	miya	ميّة
duzentos	meteyn	ميتين
trezentos	toltomiya	تلتميّة
quatrocentos	robʿomiya	ربعميّة
quinhentos	χomsomiya	خمسميّة
seiscentos	sotomiya	ستميّة
setecentos	sobʿomiya	سبعميّة
oitocentos	tomnome'a	ثمنمئة
novecentos	tosʿomiya	تسعميّة
mil	alf	ألف
dois mil	alfeyn	ألفين
De quem são ...?	talat 'ālāf	ثلاث آلاف
dez mil	ʿaʃaret 'ālāf	عشرة آلاف
cem mil	mīt alf	ميت ألف
um milhão	millyon (m)	مليون
mil milhões	millyār (m)	مليار

6. Números ordinais

primeiro	awwel	أوّل
segundo	tāny	ثاني
terceiro	tālet	ثالث
quarto	rābeʿ	رابع
quinto	χāmes	خامس
sexto	sādes	سادس
sétimo	sābeʿ	سابع
oitavo	tāmen	ثامن
nono	tāseʿ	تاسع
décimo	ʿāʃer	عاشر

7. Números. Frações

fração (f)	kasr (m)	كسر
um meio	noṣṣ	نصّ
um terço	telt	ثلث
um quarto	robʿ	ربع
um oitavo	tomn	تمن
um décimo	ʿoʃr	عشر
dois terços	teleyn	تلتين
três quartos	talātet arbāʿ	ثلاثة أرباع

8. Números. Operações básicas

subtração (f)	ṭarḥ (m)	طرح
subtrair (vi, vt)	ṭaraḥ	طرح
divisão (f)	ʾesma (f)	قسمة
dividir (vt)	ʾasam	قسم
adição (f)	gamʿ (m)	جمع
somar (vt)	gamaʿ	جمع
adicionar (vt)	gamaʿ	جمع
multiplicação (f)	ḍarb (m)	ضرب
multiplicar (vt)	ḍarab	ضرب

9. Números. Diversos

algarismo, dígito (m)	raqam (m)	رقم
número (m)	ʿadad (m)	عدد
numeral (m)	ʿadady (m)	عددي
menos (m)	nāʾeṣ (m)	ناقص
mais (m)	zāʾed (m)	زائد
fórmula (f)	moʿadla (f)	معادلة
cálculo (m)	ḥesāb (m)	حساب
contar (vt)	ʿadd	عدّ

calcular (vt)	ḥasab	حسب
comparar (vt)	qāran	قارن
Quanto, -os, -as?	kām?	كام؟
soma (f)	magmūʿ (m)	مجموع
resultado (m)	natīga (f)	نتيجة
resto (m)	bāʾy (m)	باقي
alguns, algumas ...	kām	كام
um pouco de ...	ʃewaya	شوية
resto (m)	el bāʾy (m)	الباقي
um e meio	wāḥed w noṣṣ (m)	واحد ونصّ
dúzia (f)	desta (f)	دستة
ao meio	le noṣṣeyn	لنصّين
em partes iguais	bel tasāwy	بالتساوى
metade (f)	noṣṣ (m)	نصّ
vez (f)	marra (f)	مرّة

10. Os verbos mais importantes. Parte 1

abrir (vt)	fataḥ	فتح
acabar, terminar (vt)	χallaṣ	خلّص
aconselhar (vt)	naṣaḥ	نصح
adivinhar (vt)	χammen	خمّن
advertir (vt)	ḥazzar	حذّر
ajudar (vt)	sāʿed	ساعد
almoçar (vi)	etɣadda	إتغدّى
alugar (~ um apartamento)	estʾgar	إستأجر
amar (vt)	ḥabb	حبّ
ameaçar (vt)	hadded	هدّد
anotar (escrever)	katab	كتب
apanhar (vt)	mesek	مسك
apressar-se (vr)	estaʿgel	إستعجل
arrepender-se (vr)	nedem	ندم
assinar (vt)	waqqaʿ	وقّع
atirar, disparar (vi)	ḍarab bel nār	ضرب بالنار
brincar (vi)	hazzar	هزّر
brincar, jogar (crianças)	leʿeb	لعب
buscar (vt)	dawwar ʿala	دوّر على
caçar (vi)	eṣṭād	اصطاد
cair (vi)	weʾeʿ	وقع
cavar (vt)	ḥafar	حفر
cessar (vt)	baṭṭal	بطّل
chamar (~ por socorro)	estaɣās	إستغاث
chegar (vi)	weṣel	وصل
chorar (vi)	baka	بكى
começar (vt)	badaʾ	بدأ
comparar (vt)	qāran	قارن

compreender (vt)	fehem	فهم
concordar (vi)	ettafa'	إتّفق
confiar (vt)	wasaq	وثق
confundir (equivocar-se)	etlaχbaṭ	إتلخبط
conhecer (vt)	'eref	عرف
contar (fazer contas)	'add	عدّ
contar com (esperar)	e'tamad 'ala …	إعتمد على…
continuar (vt)	wāṣel	واصل
controlar (vt)	et-ḥakkem	إتحكّم
convidar (vt)	'azam	عزم
correr (vi)	gery	جري
criar (vt)	'amal	عمل
custar (vt)	kallef	كلّف

11. Os verbos mais importantes. Parte 2

dar (vt)	edda	إدّى
dar uma dica	edda lamḥa	إدّى لمحة
decorar (enfeitar)	zayen	زيّن
defender (vt)	dāfa'	دافع
deixar cair (vt)	wa''a'	وقّع
descer (para baixo)	nezel	نزل
desculpar-se (vr)	e'tazar	إعتذر
dirigir (~ uma empresa)	adār	أدار
discutir (notícias, etc.)	nā'eʃ	ناقش
dizer (vt)	'āl	قال
duvidar (vt)	ʃakk fe	شكّ في
encontrar (achar)	la'a	لقى
enganar (vt)	χada'	خدع
entrar (na sala, etc.)	daχal	دخل
enviar (uma carta)	arsal	أرسل
errar (equivocar-se)	ɣeleṭ	غلط
escolher (vt)	eχtār	إختار
esconder (vt)	χabba	خبّأ
escrever (vt)	katab	كتب
esperar (o autocarro, etc.)	estanna	إستنّى
esperar (ter esperança)	tamanna	تمنّى
esquecer (vt)	nesy	نسي
estudar (vt)	daras	درس
exigir (vt)	ṭāleb	طالب
existir (vi)	kān mawgūd	كان موّجود
explicar (vt)	ʃaraḥ	شرح
falar (vi)	kallem	كلّم
faltar (clases, etc.)	ɣāb	غاب
fazer (vt)	'amal	عمل
ficar em silêncio	seket	سكت
gabar-se, jactar-se (vr)	tabāha	تباهي
gostar (apreciar)	'agab	عجب

gritar (vi)	ṣarraχ	صرّخ
guardar (cartas, etc.)	ḥafaẓ	حفظ
informar (vt)	'āl ly	قال لي
insistir (vi)	aṣarr	أصرّ
insultar (vt)	ahān	أهان
interessar-se (vr)	ehtamm be	إهتمّ بـ
ir (a pé)	meʃy	مشى
ir nadar	sebeḥ	سبح
jantar (vi)	et'asʃa	إتعشّى

12. Os verbos mais importantes. Parte 3

ler (vt)	'ara	قرأ
libertar (cidade, etc.)	ḥarrar	حرّر
matar (vt)	'atal	قتل
mencionar (vt)	zakar	ذكر
mostrar (vt)	warra	ورّى
mudar (modificar)	ɣayar	غيّر
nadar (vi)	'ām	عام
negar-se a …	rafaḍ	رفض
objetar (vt)	e'taraḍ	إعترض
ordenar (mil.)	amar	أمر
ouvir (vt)	seme'	سمع
pagar (vt)	dafa'	دفع
parar (vi)	wa''af	وقّف
participar (vi)	ʃārek	شارك
pedir (comida)	ṭalab	طلب
pedir (um favor, etc.)	ṭalab	طلب
pegar (tomar)	aχad	أخد
pensar (vt)	fakkar	فكّر
perceber (ver)	lāḥaẓ	لاحظ
perdoar (vt)	'afa	عفا
perguntar (vt)	sa'al	سأل
permitir (vt)	samaḥ	سمح
pertencer a …	χaṣṣ	خصّ
planear (vt)	χaṭṭeṭ	خطّط
poder (vi)	'eder	قدر
possuir (vt)	malak	ملك
preferir (vt)	faḍḍal	فضّل
preparar (vt)	ḥaḍḍar	حضّر
prever (vt)	tanabba'	تنبّأ
prometer (vt)	wa'ad	وعد
pronunciar (vt)	naṭa'	نطق
propor (vt)	'araḍ	عرض
punir (castigar)	'āqab	عاقب

13. Os verbos mais importantes. Parte 4

quebrar (vt)	kasar	كسر
queixar-se (vr)	ʃaka	شكا
querer (desejar)	ʻāyez	عايز
recomendar (vt)	naṣaḥ	نصح
repetir (dizer outra vez)	karrar	كرّر
repreender (vt)	wabbeχ	وبّخ
reservar (~ um quarto)	ḥagaz	حجز
responder (vt)	gāwab	جاوب
rezar, orar (vi)	ṣalla	صلّى
rir (vi)	ḍeḥek	ضحك
roubar (vt)	sara'	سرق
saber (vt)	ʻeref	عرف
sair (~ de casa)	χarag	خرج
salvar (vt)	anqaz	أنقذ
seguir ...	tatabbaʻ	تتبّع
sentar-se (vr)	'aʻad	قعد
ser necessário	maṭlūb	مطلوب
ser, estar	kān	كان
significar (vt)	'aṣad	قصد
sorrir (vi)	ebtasam	إبتسم
subestimar (vt)	estaχaff	إستخفّ
surpreender-se (vr)	etfāge'	إتفاجئ
tentar (vt)	ḥāwel	حاول
ter (vt)	malak	ملك
ter fome	ʻāyez 'ākol	عايز آكل
ter medo	χāf	خاف
ter sede	ʻāyez aʃrab	عايز أشرب
tocar (com as mãos)	lamas	لمس
tomar o pequeno-almoço	feṭer	فطر
trabalhar (vi)	eʃtaɣal	إشتغل
traduzir (vt)	targem	ترجم
unir (vt)	waḥḥed	وحّد
vender (vt)	bāʻ	باع
ver (vt)	ʃāf	شاف
virar (ex. ~ à direita)	ḥād	حاد
voar (vi)	ṭār	طار

14. Cores

cor (f)	lone (m)	لون
matiz (m)	daraget el lōn (m)	درجة اللون
tom (m)	ṣabɣet lōn (f)	صبغة اللون
arco-íris (m)	qose qozaḥ (m)	قوس قزح
branco	abyaḍ	أبيض

preto	aswad	أسود
cinzento	romādy	رمادي
verde	aχḍar	أخضر
amarelo	aṣfar	أصفر
vermelho	aḥmar	أحمر
azul	azra'	أزرق
azul claro	azra' fāteḥ	أزرق فاتح
rosa	wardy	وردي
laranja	bortoqāly	برتقاليّ
violeta	banaffsegy	بنفسجي
castanho	bonny	بنّي
dourado	dahaby	ذهبي
prateado	feḍḍy	فضّي
bege	bɛ:ʒ	بيج
creme	'āgy	عاجيّ
turquesa	fayrūzy	فيروزي
vermelho cereja	aḥmar karazy	أحمر كرزي
lilás	laylaky	ليّلكي
carmesim	qormozy	قرمزي
claro	fāteḥ	فاتح
escuro	ɣāme'	غامق
vivo	zāhy	زاهي
de cor	melawwen	ملوّن
a cores	melawwen	ملوّن
preto e branco	abyaḍ we aswad	أبيض وأسوّد
unicolor	sāda	سادة
multicor	mota'added el alwān	متعدّد الألوان

15. Questões

Quem?	mīn?	مين؟
Que?	eyh?	ايه؟
Onde?	feyn?	فين؟
Para onde?	feyn?	فين؟
De onde?	meneyn?	منين؟
Quando?	emta	امتى؟
Para quê?	'aʃān eyh?	عشان ايه؟
Porquê?	leyh?	ليه؟
Para quê?	l eyh?	لـ ليه؟
Como?	ezāy?	إزاي؟
Qual?	eyh?	ايه؟
Qual? (entre dois ou mais)	ayī?	أيّ؟
A quem?	le mīn?	لمين؟
Sobre quem?	'an mīn?	عن مين؟
Do quê?	'an eyh?	عن ايه؟
Com quem?	ma' mīn?	مع مين؟

Quanto, -os, -as?	kām?	كام؟
De quem? (masc.)	betā'et mīn?	بتاعت مين؟

16. Preposições

com (prep.)	ma'	مع
sem (prep.)	men ɣeyr	من غير
a, para (exprime lugar)	ela	إلى
sobre (ex. falar ~)	'an	عن
antes de ...	'abl	قبل
diante de ...	'oddām	قدّام
sob (debaixo de)	taḥt	تحت
sobre (em cima de)	fo'e	فوق
sobre (~ a mesa)	'ala	على
de (vir ~ Lisboa)	men	من
de (feito ~ pedra)	men	من
dentro de (~ dez minutos)	ba'd	بعد
por cima de ...	men 'ala	من على

17. Palavras funcionais. Advérbios. Parte 1

Onde?	feyn?	فين؟
aqui	hena	هنا
lá, ali	henāk	هناك
em algum lugar	fe makānen ma	في مكان ما
em lugar nenhum	meʃ fi ayī makān	مش في أيّ مكان
ao pé de ...	ganb	جنب
ao pé da janela	ganb el ʃebbāk	جنب الشبّاك
Para onde?	feyn?	فين؟
para cá	hena	هنا
para lá	henāk	هناك
daqui	men hena	من هنا
de lá, dali	men henāk	من هناك
perto	'arīb	قريب
longe	be'īd	بعيد
perto de ...	'and	عند
ao lado de	'arīb	قريب
perto, não fica longe	meʃ be'īd	مش بعيد
esquerdo	el ʃemāl	الشمال
à esquerda	'alal ʃemāl	على الشمال
para esquerda	lel ʃemāl	للشمال
direito	el yemīn	اليمين
à direita	'alal yemīn	على اليمين

para direita	lel yemīn	لليمين
à frente	ʾoddām	قدّام
da frente	amāmy	أمامي
em frente (para a frente)	ela el amām	إلى الأمام

atrás de ...	waraʾ	وراء
por detrás (vir ~)	men wara	من ورّا
para trás	le wara	لورّا

meio (m), metade (f)	wasaṭ (m)	وسط
no meio	fel wasat	في الوسط

de lado	ʿala ganb	على جنب
em todo lugar	fe kol makān	في كل مكان
ao redor (olhar ~)	ḥawaleyn	حوالين

de dentro	men gowwah	من جوّه
para algum lugar	le ʾayī makān	لأي مكان
diretamente	ʿala ṭūl	على طول
de volta	rogūʿ	رجوع

de algum lugar	men ayī makān	من أيّ مكان
de um lugar	men makānen mā	من مكان ما

em primeiro lugar	awwalan	أوّلاً
em segundo lugar	sāneyan	ثانياً
em terceiro lugar	sālesan	ثالثاً

de repente	fagʾa	فجأة
no início	fel bedāya	في البداية
pela primeira vez	le ʾawwel marra	لأوّل مرّة
muito antes de ...	ʾabl ... be modda ṭawīla	قبل... بمدة طويلة
de novo, novamente	men gedīd	من جديد
para sempre	lel abad	للأبد

nunca	abadan	أبداً
de novo	tāny	تاني
agora	delwaʾty	دلوقتي
frequentemente	ketīr	كثير
então	waʾtaha	وقتها
urgentemente	ʿala ṭūl	على طول
usualmente	ʿādatan	عادةً

a propósito, ...	ʿala fekra ...	على فكرة...
é possível	momken	ممكن
provavelmente	momken	ممكن
talvez	momken	ممكن
além disso, ...	bel eḍāfa ela ...	بالإضافة إلى...
por isso ...	ʿaʃān keda	عشان كده
apesar de ...	bel raɣm men ...	بالرغم من...
graças a ...	be faḍl ...	بفضل...

que (pron.)	elly	إللي
que (conj.)	ennu	إنّه
algo	ḥāga (f)	حاجة
alguma coisa	ayī ḥāga (f)	أيّ حاجة

nada	wala ḥāga	ولا حاجة
quem	elly	إللي
alguém (~ teve uma ideia ...)	ḥadd	حدّ
alguém	ḥadd	حدّ
ninguém	wala ḥadd	ولا حدّ
para lugar nenhum	meʃ le wala makān	مش لـ ولا مكان
de ninguém	wala ḥadd	ولا حدّ
de alguém	le ḥadd	لحدّ
tão	geddan	جداً
também (gostaria ~ de ...)	kamān	كمان
também (~ eu)	kamān	كمان

18. Palavras funcionais. Advérbios. Parte 2

Porquê?	leyh?	ليه؟
por alguma razão	le sabeben ma	لسبب ما
porque ...	ʿaʃān ...	... عشان
por qualquer razão	le hadafen mā	لهدف ما
e (tu ~ eu)	w	و
ou (ser ~ não ser)	walla	ولّا
mas (porém)	bass	بسّ
para (~ a minha mãe)	ʿaʃān	عشان
demasiado, muito	ketīr geddan	كتير جدّاً
só, somente	bass	بسّ
exatamente	bel ḍabṭ	بالضبط
cerca de (~ 10 kg)	naḥw	نحو
aproximadamente	naḥw	نحو
aproximado	taqrīby	تقريبي
quase	taʾrīban	تقريباً
resto (m)	el bāʾy (m)	الباقي
cada	koll	كلّ
qualquer	ayī	أيّ
muito	ketīr	كتير
muitas pessoas	nās ketīr	ناس كتير
todos	koll el nās	كلّ الناس
em troca de ...	fi moqābel ...	... في مقابل
em troca	fe moqābel	في مقابل
à mão	bel yad	باليد
pouco provável	bel kād	بالكاد
provavelmente	momken	ممكن
de propósito	bel ʾaṣd	بالقصد
por acidente	bel ṣodfa	بالصدفة
muito	ʾawy	قويّ
por exemplo	masalan	مثلاً
entre	beyn	بين

entre (no meio de)	wesṭ	وسط
tanto	ketīr	كتير
especialmente	χāṣṣa	خاصّة

Conceitos básicos. Parte 2

19. Dias da semana

segunda-feira (f)	el etneyn (m)	الإتنين
terça-feira (f)	el talāt (m)	التلات
quarta-feira (f)	el arbe'ā' (m)	الأربعاء
quinta-feira (f)	el χamīs (m)	الخميس
sexta-feira (f)	el gom'a (m)	الجمعة
sábado (m)	el sabt (m)	السبت
domingo (m)	el aḥad (m)	الأحد
hoje	el naharda	النهارده
amanhã	bokra	بكرة
depois de amanhã	ba'd bokra (m)	بعد بكرة
ontem	embāreḥ	امبارح
anteontem	awwel embāreḥ	أوّل امبارح
dia (m)	yome (m)	يوم
dia (m) de trabalho	yome 'amal (m)	يوم عمل
feriado (m)	agāza rasmiya (f)	أجازة رسميّة
dia (m) de folga	yome el agāza (m)	يوم أجازة
fim (m) de semana	nehāyet el osbū' (f)	نهاية الأسبوع
o dia todo	ṭūl el yome	طول اليوم
no dia seguinte	fel yome elly ba'dīh	في اليوم اللي بعديه
há dois dias	men yomeyn	من يومين
na véspera	fel yome elly 'ablo	في اليوم اللي قبله
diário	yawmy	يومي
todos os dias	yawmiyan	يومياً
semana (f)	osbū' (m)	أسبوع
na semana passada	el esbū' elly fāt	الأسبوع اللي فات
na próxima semana	el esbū' elly gayī	الأسبوع اللي جاي
semanal	osbū'y	أسبوعي
cada semana	osbū'iyan	أسبوعياً
duas vezes por semana	marreteyn fel osbū'	مرّتين في الأسبوع
cada terça-feira	koll solasā'	كلّ ثلاثاء

20. Horas. Dia e noite

manhã (f)	ṣobḥ (m)	صبح
de manhã	fel ṣobḥ	في الصبح
meio-dia (m)	ẓohr (m)	ظهر
à tarde	ba'd el ḍohr	بعد الظهر
noite (f)	leyl (m)	ليل
à noite (noitinha)	bel leyl	بالليل

noite (f)	leyl (m)	ليل
à noite	bel leyl	بالليل
meia-noite (f)	noṣṣ el leyl (m)	نصّ الليل
segundo (m)	sanya (f)	ثانية
minuto (m)	deʾʾa (f)	دقيقة
hora (f)	sāʿa (f)	ساعة
meia hora (f)	noṣṣ sāʿa (m)	نصّ ساعة
quarto (m) de hora	robʿ sāʿa (f)	ربع ساعة
quinze minutos	χamastāʃer deʾʾa	خمستاشر دقيقة
vinte e quatro horas	arbaʿa we ʿeʃrīn sāʿa	أربعة وعشرين ساعة
nascer (m) do sol	ʃorūʾ el ʃams (m)	شروق الشمس
amanhecer (m)	fagr (m)	فجر
madrugada (f)	ṣobḥ badry (m)	صبح بدري
pôr do sol (m)	ɣorūb el ʃams (m)	غروب الشمس
de madrugada	el ṣobḥ badry	الصبح بدري
hoje de manhã	el naharda el ṣobḥ	النهاردة الصبح
amanhã de manhã	bokra el ṣobḥ	بكرة الصبح
hoje à tarde	el naharda baʿd el ḍohr	النهاردة بعد الظهر
à tarde	baʿd el ḍohr	بعد الظهر
amanhã à tarde	bokra baʿd el ḍohr	بكرة بعد الظهر
hoje à noite	el naharda bel leyl	النهاردة بالليل
amanhã à noite	bokra bel leyl	بكرة بالليل
às três horas em ponto	es sāʿa talāta bel ḍabṭ	الساعة تلاتة بالضبط
por volta das quatro	es sāʿa arbaʿa taʾrīban	الساعة أربعة تقريبا
às doze	ḥatt es sāʿa etnāʃar	حتى الساعة إتناشر
dentro de vinte minutos	fe χelāl ʿeʃrīn deʿeeʿa	في خلال عشرين دقيقة
dentro duma hora	fe χelāl sāʿa	في خلال ساعة
a tempo	fe mawʿedo	في موعده
menos um quarto	ella robʿ	إلّا ربع
durante uma hora	χelāl sāʿa	خلال ساعة
a cada quinze minutos	koll robʿ sāʿa	كلّ ربع ساعة
as vinte e quatro horas	leyl nahār	ليل نهار

21. Meses. Estações

janeiro (m)	yanāyer (m)	يناير
fevereiro (m)	febrāyer (m)	فبراير
março (m)	māres (m)	مارس
abril (m)	ebrīl (m)	إبريل
maio (m)	māyo (m)	مايو
junho (m)	yonyo (m)	يونيو
julho (m)	yolyo (m)	يوليو
agosto (m)	oɣosṭos (m)	أغسطس
setembro (m)	sebtamber (m)	سبتمبر
outubro (m)	oktober (m)	أكتوبر
novembro (m)	november (m)	نوفمبر

dezembro (m)	desember (m)	ديسمبر
primavera (f)	rabee' (m)	ربيع
na primavera	fel rabee'	في الربيع
primaveril	rabee'y	ربيعي
verão (m)	ṣeyf (m)	صيف
no verão	fel ṣeyf	في الصيف
de verão	ṣeyfy	صيفي
outono (m)	χarīf (m)	خريف
no outono	fel χarīf	في الخريف
outonal	χarīfy	خريفي
inverno (m)	ʃetā' (m)	شتاء
no inverno	fel ʃetā'	في الشتاء
de inverno	ʃetwy	شتوي
mês (m)	ʃahr (m)	شهر
este mês	fel ʃahr da	في الشهر ده
no próximo mês	el ʃahr el gayī	الشهر الجايّ
no mês passado	el ʃahr elly fāt	الشهر اللي فات
há um mês	men ʃahr	من شهر
dentro de um mês	ba'd ʃahr	بعد شهر
dentro de dois meses	ba'd ʃahreyn	بعد شهرين
todo o mês	el ʃahr kollo	الشهر كلّه
um mês inteiro	ṭawāl el ʃahr	طوال الشهر
mensal	ʃahry	شهري
mensalmente	ʃahry	شهري
cada mês	koll ʃahr	كلّ شهر
duas vezes por mês	marreteyn fel ʃahr	مرّتين في الشهر
ano (m)	sana (f)	سنة
este ano	el sana di	السنة دي
no próximo ano	el sana el gaya	السنة الجايّة
no ano passado	el sana elly fātet	السنة اللي فاتت
há um ano	men sana	من سنة
dentro dum ano	ba'd sana	بعد سنة
dentro de 2 anos	ba'd sanateyn	بعد سنتين
todo o ano	el sana kollaha	السنة كلّها
um ano inteiro	ṭūl el sana	طول السنة
cada ano	koll sana	كلّ سنة
anual	sanawy	سنوي
anualmente	koll sana	كلّ سنة
quatro vezes por ano	arba' marrāt fel sana	أربع مرات في السنة
data (~ de hoje)	tarīχ (m)	تاريخ
data (ex. ~ de nascimento)	tarīχ (m)	تاريخ
calendário (m)	natīga (f)	نتيجة
meio ano	noṣṣ sana	نصّ سنة
seis meses	settet aʃ-hor (f)	ستّة أشهر
estação (f)	faṣl (m)	فصل
século (m)	qarn (m)	قرن

22. Unidades de medida

peso (m)	wazn (m)	وزن
comprimento (m)	ṭūl (m)	طول
largura (f)	ʿarḍ (m)	عرض
altura (f)	ertefāʿ (m)	إرتفاع
profundidade (f)	ʿomq (m)	عمق
volume (m)	ḥagm (m)	حجم
área (f)	mesāḥa (f)	مساحة
grama (m)	gram (m)	جرام
miligrama (m)	milligrām (m)	ملّيغرام
quilograma (m)	kilogrām (m)	كيلوغرام
tonelada (f)	ṭenn (m)	طنّ
libra (453,6 gramas)	reṭl (m)	رطل
onça (f)	onṣa (f)	أونصة
metro (m)	metr (m)	متر
milímetro (m)	millimetr (m)	ملّيمتر
centímetro (m)	santimetr (m)	سنتيمتر
quilómetro (m)	kilometr (m)	كيلومتر
milha (f)	mīl (m)	ميل
polegada (f)	boṣa (f)	بوصة
pé (304,74 mm)	ʾadam (m)	قدم
jarda (914,383 mm)	yarda (f)	ياردة
metro (m) quadrado	metr morabbaʿ (m)	متر مربّع
hectare (m)	hektār (m)	هكتار
litro (m)	litre (m)	لتر
grau (m)	daraga (f)	درجة
volt (m)	volt (m)	فولت
ampere (m)	ambere (m)	أمبير
cavalo-vapor (m)	ḥoṣān (m)	حصان
quantidade (f)	kemiya (f)	كميّة
um pouco de …	ʃewayet …	شويّة...
metade (f)	noṣṣ (m)	نصّ
dúzia (f)	desta (f)	دستة
peça (f)	waḥda (f)	وحدة
dimensão (f)	ḥagm (m)	حجم
escala (f)	meʾyās (m)	مقياس
mínimo	el adna	الأدنى
menor, mais pequeno	el aṣɣar	الأصغر
médio	motawasseṭ	متوّسط
máximo	el aqṣa	الأقصى
maior, mais grande	el akbar	الأكبر

23. Recipientes

boião (m) de vidro	barṭamān (m)	برطمان
lata (~ de cerveja)	kanz (m)	كانز

balde (m)	gardal (m)	جردل
barril (m)	barmīl (m)	برميل
bacia (~ de plástico)	ḥoḍe lel ɣasīl (m)	حوض للغسيل
tanque (m)	χazzān (m)	خزّان
cantil (m) de bolso	zamzamiya (f)	زمزميّة
bidão (m) de gasolina	ʒerken (m)	جركن
cisterna (f)	χazzān (m)	خزّان
caneca (f)	mugg (m)	ماجّ
chávena (f)	fengān (m)	فنجان
pires (m)	ṭaba' fengān (m)	طبق فنجان
copo (m)	kobbāya (f)	كوبّاية
taça (f) de vinho	kāsa (f)	كاسة
panela, caçarola (f)	ḥalla (f)	حلّة
garrafa (f)	ezāza (f)	إزازة
gargalo (m)	'onq (m)	عنق
jarro, garrafa (f)	dawra' zogāgy (m)	دوّرق زجاجي
jarro (m) de barro	ebrī' (m)	إبريق
recipiente (m)	we'ā' (m)	وعاء
pote (m)	aṣīṣ (m)	أصيص
vaso (m)	vāza (f)	فازة
frasco (~ de perfume)	ezāza (f)	إزازة
frasquinho (ex. ~ de iodo)	ezāza (f)	إزازة
tubo (~ de pasta dentífrica)	anbūba (f)	أنبوبة
saca (ex. ~ de açúcar)	kīs (m)	كيس
saco (~ de plástico)	kīs (m)	كيس
maço (m)	'elba (f)	علبة
caixa (~ de sapatos, etc.)	'elba (f)	علبة
caixa (~ de madeira)	ṣandū' (m)	صندوق
cesta (f)	salla (f)	سلّة

O SER HUMANO

O ser humano. O corpo

24. Cabeça

cabeça (f)	ra'ʾs (m)	رأس
cara (f)	weʃ (m)	وش
nariz (m)	manaχīr (m)	مناخير
boca (f)	boʾ (m)	بوء
olho (m)	ʿeyn (f)	عين
olhos (m pl)	ʿoyūn (pl)	عيون
pupila (f)	ḥadʾa (f)	حدقة
sobrancelha (f)	ḥāgeb (m)	حاجب
pestana (f)	remʃ (m)	رمش
pálpebra (f)	gefn (m)	جفن
língua (f)	lesān (m)	لسان
dente (m)	senna (f)	سنّة
lábios (m pl)	ʃafāyef (pl)	شفايف
maçãs (f pl) do rosto	ʿaḍmet el χadd (f)	عضمة الخدّ
gengiva (f)	lassa (f)	لثّة
palato (m)	ḥanak (m)	حنك
narinas (f pl)	manaχer (pl)	مناخر
queixo (m)	daʾʾn (m)	دقن
mandíbula (f)	fakk (m)	فكّ
bochecha (f)	χadd (m)	خدّ
testa (f)	gabha (f)	جبهة
têmpora (f)	ṣedɣ (m)	صدغ
orelha (f)	wedn (f)	ودن
nuca (f)	ʾafa (m)	قفا
pescoço (m)	raʾaba (f)	رقبة
garganta (f)	zore (m)	زور
cabelos (m pl)	ʃaʿr (m)	شعر
penteado (m)	tasrīḥa (f)	تسريحة
corte (m) de cabelo	tasrīḥa (f)	تسريحة
peruca (f)	barūka (f)	باروكة
bigode (m)	ʃanab (pl)	شنب
barba (f)	leḥya (f)	لحية
usar, ter (~ barba, etc.)	ʿando	عنده
trança (f)	ḍefīra (f)	ضفيرة
suíças (f pl)	sawālef (pl)	سوالف
ruivo	aḥmar el ʃaʿr	أحمر الشعر
grisalho	ʃaʿr abyaḍ	شعر أبيض

calvo	aṣlaʿ	أصلع
calva (f)	ṣalaʿ (m)	صلع
rabo-de-cavalo (m)	deyl ḥoṣān (m)	ديل حصان
franja (f)	ʾoṣṣa (f)	قصّة

25. Corpo humano

mão (f)	yad (m)	يد
braço (m)	derāʿ (f)	دراع
dedo (m)	ṣobāʿ (m)	صباع
dedo (m) do pé	ṣobāʿ el ʾadam (m)	صباع القدم
polegar (m)	ebhām (m)	إبهام
dedo (m) mindinho	χonṣor (m)	خنصر
unha (f)	ḍefr (m)	ضفر
punho (m)	qabḍa (f)	قبضة
palma (f) da mão	kaff (f)	كفّ
pulso (m)	meʿṣam (m)	معصم
antebraço (m)	sāʿed (m)	ساعد
cotovelo (m)	kūʿ (m)	كوع
ombro (m)	ketf (f)	كتف
perna (f)	regl (f)	رجل
pé (m)	qadam (f)	قدم
joelho (m)	rokba (f)	ركبة
barriga (f) da perna	semmāna (f)	سمّانة
anca (f)	faχd (f)	فخد
calcanhar (m)	kaʿb (m)	كعب
corpo (m)	gesm (m)	جسم
barriga (f)	baṭn (m)	بطن
peito (m)	ṣedr (m)	صدر
seio (m)	sady (m)	ثدي
lado (m)	ganb (m)	جنب
costas (f pl)	ḍahr (m)	ضهر
região (f) lombar	asfal el ḍahr (m)	أسفل الضهر
cintura (f)	wesṭ (f)	وسط
umbigo (m)	sorra (f)	سرّة
nádegas (f pl)	ardāf (pl)	أرداف
traseiro (m)	debr (m)	دبر
sinal (m)	ʃāma (f)	شامة
sinal (m) de nascença	waḥma	وحمة
tatuagem (f)	waʃm (m)	وشم
cicatriz (f)	nadba (f)	ندبة

Vestuário & Acessórios

26. Roupa exterior. Casacos

roupa (f)	malābes (pl)	ملابس
roupa (f) exterior	malābes fo'aniya (pl)	ملابس فوقانيّة
roupa (f) de inverno	malābes ʃetwiya (pl)	ملابس شتويّة
sobretudo (m)	balṭo (m)	بالطو
casaco (m) de peles	balṭo farww (m)	بالطو فروّ
casaco curto (m) de peles	ʒaket farww (m)	جاكيت فروّ
casaco (m) acolchoado	balṭo maḥʃy rīʃ (m)	بالطو محشي ريش
casaco, blusão (m)	ʒæket (m)	جاكيت
impermeável (m)	ʒæket lel maṭar (m)	جاكيت للمطر
impermeável	wāqy men el maya	واقي من الميّة

27. Vestuário de homem & mulher

camisa (f)	'amīṣ (m)	قميص
calças (f pl)	banṭalone (f)	بنطلون
calças (f pl) de ganga	ʒeans (m)	جينز
casaco (m) de fato	ʒæket (f)	جاكت
fato (m)	badla (f)	بدلة
vestido (ex. ~ vermelho)	fostān (m)	فستان
saia (f)	ʒība (f)	جيبة
blusa (f)	bloza (f)	بلوزة
casaco (m) de malha	kardigan (m)	كارديجن
casaco, blazer (m)	ʒæket (m)	جاكيت
T-shirt, camiseta (f)	ti ʃirt (m)	تي شيرت
calções (Bermudas, etc.)	ʃort (m)	شورت
fato (m) de treino	treneng (m)	ترينيج
roupão (m) de banho	robe el ḥammām (m)	روب حمّام
pijama (m)	beʒāma (f)	بيجاما
suéter (m)	blover (f)	بلوفر
pulôver (m)	blover (m)	بلوفر
colete (m)	vest (m)	فيست
fraque (m)	badlet sahra ṭawīla (f)	بدلة سهرة طويلة
smoking (m)	badla (f)	بدلة
uniforme (m)	zayī muwaḥḥad (m)	زيّ موحّد
roupa (f) de trabalho	lebs el ʃoɣl (m)	لبس الشغل
fato-macaco (m)	overall (m)	اوفر اول
bata (~ branca, etc.)	balṭo (m)	بالطو

28. Vestuário. Roupa interior

roupa (f) interior	malābes dāχeliya (pl)	ملابس داخلية
cuecas boxer (f pl)	sirwāl dāχly rigāly (m)	سروال داخلي رجاليّ
cuecas (f pl)	sirwāl dāχly nisā'y (m)	سروال داخلي نسائيّ
camisola (f) interior	fanella (f)	فانلّا
peúgas (f pl)	ʃarāb (m)	شراب
camisa (f) de noite	'amīṣ nome (m)	قميص نوم
sutiã (m)	setyāna (f)	ستيانة
meias longas (f pl)	ʃarabāt ṭawīla (pl)	شرابات طويلة
meia-calça (f)	klone (m)	كلون
meias (f pl)	gawāreb (pl)	جوارب
fato (m) de banho	mayo (m)	مايّوه

29. Adereços de cabeça

chapéu (m)	ṭa'iya (f)	طاقيّة
chapéu (m) de feltro	borneyṭa (f)	برنيطة
boné (m) de beisebol	base bāl kāb (m)	بيس بول كاب
boné (m)	ṭa'iya mosaṭṭaḥa (f)	طاقيّة مسطحة
boina (f)	bereyh (m)	بيريه
capuz (m)	ɣaṭa' (f)	غطاء
panamá (m)	qobba'et banama (f)	قبّعة بناما
gorro (m) de malha	ays kāb (m)	آيس كاب
lenço (m)	eʃarb (m)	إيشارب
chapéu (m) de mulher	borneyṭa (f)	برنيطة
capacete (m) de proteção	χawza (f)	خوذة
bibico (m)	kāb (m)	كاب
capacete (m)	χawza (f)	خوذة
chapéu-coco (m)	qobba'a (f)	قبّعة
chapéu (m) alto	qobba'a rasmiya (f)	قبّعة رسمية

30. Calçado

calçado (m)	gezam (pl)	جزم
botinas (f pl)	gazma (f)	جزمة
sapatos (de salto alto, etc.)	gazma (f)	جزمة
botas (f pl)	būt (m)	بوت
pantufas (f pl)	ʃebʃeb (m)	شبشب
ténis (m pl)	kotʃy tennis (m)	كوتشي تنس
sapatilhas (f pl)	kotʃy (m)	كوتشي
sandálias (f pl)	ṣandal (pl)	صندل
sapateiro (m)	eskāfy (m)	إسكافي
salto (m)	ka'b (m)	كعب

par (m)	goze (m)	جوز
atacador (m)	ʃerīṭ (m)	شريط
apertar os atacadores	rabaṭ	ربط
calçadeira (f)	labbāsa el gazma (f)	لبّاسة الجزمة
graxa (f) para calçado	warnīʃ el gazma (m)	ورنيش الجزمة

31. Acessórios pessoais

luvas (f pl)	gwanty (m)	جوانتي
mitenes (f pl)	gwanty men ɣeyr aṣābeʿ (m)	جوانتي من غير أصابع
cachecol (m)	skarf (m)	سكارف
óculos (m pl)	naḍḍāra (f)	نظّارة
armação (f) de óculos	eṭār (m)	إطار
guarda-chuva (m)	ʃamsiya (f)	شمسيّة
bengala (f)	ʿaṣāya (f)	عصاية
escova (f) para o cabelo	forʃet ʃaʿr (f)	فرشة شعر
leque (m)	marwaḥa (f)	مروحة
gravata (f)	karavetta (f)	كرافتة
gravata-borboleta (f)	bebyona (m)	بيبيونة
suspensórios (m pl)	ḥammala (f)	حمّالة
lenço (m)	mandīl (m)	منديل
pente (m)	meʃṭ (m)	مشط
travessão (m)	dabbūs (m)	دبّوس
gancho (m) de cabelo	bensa (m)	بنسة
fivela (f)	bokla (f)	بكلة
cinto (m)	ḥezām (m)	حزام
correia (f)	ḥammalet el ketf (f)	حمّالة الكتف
mala (f)	ʃanṭa (f)	شنطة
mala (f) de senhora	ʃanṭet yad (f)	شنطة يد
mochila (f)	ʃanṭet ḍahr (f)	شنطة ظهر

32. Vestuário. Diversos

moda (f)	mūḍa (f)	موضة
na moda	fel moḍa	في الموضة
estilista (m)	moṣammem azyāʾ (m)	مصمّم أزياء
colarinho (m), gola (f)	yāʾa (f)	ياقة
bolso (m)	geyb (m)	جيب
de bolso	geyb	جيب
manga (f)	komm (m)	كمّ
alcinha (f)	ʿelāqa (f)	علّاقة
braguilha (f)	lesān (m)	لسان
fecho (m) de correr	sosta (f)	سوستة
fecho (m), colchete (m)	maʃbak (m)	مشبك
botão (m)	zerr (m)	زرّ

casa (f) de botão	ʿarwa (f)	عروة
soltar-se (vr)	weʾeʿ	وقع
coser, costurar (vi)	χayaṭ	خيّط
bordar (vt)	ṭarraz	طرّز
bordado (m)	taṭrīz (m)	تطريز
agulha (f)	ebra (f)	إبرة
fio (m)	χeyṭ (m)	خيط
costura (f)	derz (m)	درز
sujar-se (vr)	ettwassaχ	إتّوسّخ
mancha (f)	boʾʿa (f)	بقعة
engelhar-se (vr)	takarmaʃ	تكرمش
rasgar (vt)	ʾaṭaʿ	قطع
traça (f)	ʿetta (f)	عتّة

33. Cuidados pessoais. Cosméticos

pasta (f) de dentes	maʿgūn asnān (m)	معجون أسنان
escova (f) de dentes	forʃet senān (f)	فرشة أسنان
escovar os dentes	naḍḍaf el asnān	نظّف الأسنان
máquina (f) de barbear	mūs (m)	موس
creme (m) de barbear	krīm ḥelāʾa (m)	كريم حلاقة
barbear-se (vr)	ḥalaʾ	حلق
sabonete (m)	ṣabūn (m)	صابون
champô (m)	ʃambū (m)	شامبو
tesoura (f)	maʾaṣ (m)	مقص
lima (f) de unhas	mabrad (m)	مبرد
corta-unhas (m)	melʾaṭ (m)	ملقط
pinça (f)	melʾaṭ (m)	ملقط
cosméticos (m pl)	mawād tagmīl (pl)	مواد تجميل
máscara (f) facial	mask (m)	ماسك
manicura (f)	monekīr (m)	مونيكير
fazer a manicura	ʿamal monikīr	عمل مونيكير
pedicure (f)	badikīr (m)	باديكير
mala (f) de maquilhagem	ʃanṭet mekyāʒ (f)	شنطة مكياج
pó (m)	bodret weʃ (f)	بودرة وش
caixa (f) de pó	ʿelbet bodra (f)	علبة بودرة
blush (m)	aḥmar χodūd (m)	أحمر خدود
perfume (m)	barfān (m)	بارفان
água (f) de toilette	kolonya (f)	كولونيا
loção (f)	loʃion (m)	لوشن
água-de-colónia (f)	kolonya (f)	كولونيا
sombra (f) de olhos	eyeʃadow (m)	اي شادو
lápis (m) delineador	koḥl (m)	كحل
máscara (f), rímel (m)	maskara (f)	ماسكارا
batom (m)	rūʒ (m)	روج

verniz (m) de unhas	monekīr (m)	مونيكير
laca (f) para cabelos	mosabbet el ʃaʿr (m)	مثبّت الشعر
desodorizante (m)	mozīl ʿaraʾ (m)	مزيل عرق
creme (m)	krīm (m)	كريم
creme (m) de rosto	krīm lel weʃ (m)	كريم للوش
creme (m) de mãos	krīm eyd (m)	كريم أيد
creme (m) antirrugas	krīm moḍād lel tagaʿīd (m)	كريم مضاد للتجاعيد
creme (m) de dia	krīm en nahār (m)	كريم النهار
creme (m) de noite	krīm el leyl (m)	كريم الليل
de dia	nahāry	نهاري
da noite	layly	ليّلي
tampão (m)	tambon (m)	تانبون
papel (m) higiénico	waraʾ twalet (m)	ورق تواليت
secador (m) elétrico	seʃwār (m)	سشوار

34. Relógios de pulso. Relógios

relógio (m) de pulso	sāʿa (f)	ساعة
mostrador (m)	wag-h el sāʿa (m)	وجه الساعة
ponteiro (m)	ʿaʾrab el sāʿa (m)	عقرب الساعة
bracelete (f) em aço	ʃerīṭ sāʿa maʿdaniya (m)	شريط ساعة معدنية
bracelete (f) em couro	ʃerīṭ el sāʿa (m)	شريط الساعة
pilha (f)	baṭṭariya (f)	بطّاريّة
descarregar-se	χelṣet	خلصت
trocar a pilha	ɣayar el baṭṭariya	غيّر البطّاريّة
estar adiantado	sabaʾ	سبق
estar atrasado	taʾakχar	تأخّر
relógio (m) de parede	sāʿet ḥeyṭa (f)	ساعة حيطة
ampulheta (f)	sāʿa ramliya (f)	ساعة رمليّة
relógio (m) de sol	sāʿa ʃamsiya (f)	ساعة شمسيّة
despertador (m)	monabbeh (m)	منبّه
relojoeiro (m)	saʿāty (m)	ساعاتي
reparar (vt)	ṣallaḥ	صلّح

Alimentação. Nutrição

35. Comida

carne (f)	laḥma (f)	لحمة
galinha (f)	ferāχ (m)	فراخ
frango (m)	farrūg (m)	فرّوج
pato (m)	baṭṭa (f)	بطّة
ganso (m)	wezza (f)	وزّة
caça (f)	ṣeyd (m)	صيد
peru (m)	dīk rūmy (m)	ديك رومي
carne (f) de porco	laḥm el χanazīr (m)	لحم الخنزير
carne (f) de vitela	laḥm el ʿegl (m)	لحم العجل
carne (f) de carneiro	laḥm ḍāny (m)	لحم ضاني
carne (f) de vaca	laḥm baqary (m)	لحم بقري
carne (f) de coelho	laḥm arāneb (m)	لحم أرانب
chouriço, salsichão (m)	sogo'' (m)	سجق
salsicha (f)	sogo'' (m)	سجق
bacon (m)	bakon (m)	بيكون
fiambre (f)	hām(m)	هام
presunto (m)	faχd χanzīr (m)	فخد خنزير
patê (m)	maʿgūn laḥm (m)	معجون لحم
fígado (m)	kebda (f)	كبدة
carne (f) moída	hamburger (m)	هامبورجر
língua (f)	lesān (m)	لسان
ovo (m)	beyḍa (f)	بيضة
ovos (m pl)	beyḍ (m)	بيض
clara (f) do ovo	bayāḍ el beyḍ (m)	بياض البيض
gema (f) do ovo	ṣafār el beyḍ (m)	صفار البيض
peixe (m)	samak (m)	سمك
mariscos (m pl)	sīfūd (pl)	سي فود
caviar (m)	kaviar (m)	كافيار
caranguejo (m)	kaboria (m)	كابوريا
camarão (m)	gammbary (m)	جمّبري
ostra (f)	maḥār (m)	محار
lagosta (f)	estakoza (m)	استاكوزا
polvo (m)	aχṭabūṭ (m)	أخطبوط
lula (f)	kalmāry (m)	كالماري
esturjão (m)	samak el ḥafʃ (m)	سمك الحفش
salmão (m)	salamon (m)	سلمون
halibute (m)	samak el halbūt (m)	سمك الهلبوت
bacalhau (m)	samak el qadd (m)	سمك القد
cavala, sarda (f)	makerel (m)	ماكريل

atum (m)	tuna (f)	تونة
enguia (f)	ḥankalīs (m)	حنكليس
truta (f)	salamon mera"aṭ (m)	سلمون مرقّط
sardinha (f)	sardīn (m)	سردين
lúcio (m)	samak el karāky (m)	سمك الكراكي
arenque (m)	renga (f)	رنجة
pão (m)	ʿeyʃ (m)	عيش
queijo (m)	gebna (f)	جبنة
açúcar (m)	sokkar (m)	سكّر
sal (m)	melḥ (m)	ملح
arroz (m)	rozz (m)	رزّ
massas (f pl)	makaruna (f)	مكرونة
talharim (m)	nūdles (f)	نودلز
manteiga (f)	zebda (f)	زبدة
óleo (m) vegetal	zeyt (m)	زيت
óleo (m) de girassol	zeyt ʿabbād el ʃams (m)	زيت عبّاد الشمس
margarina (f)	margarīn (m)	مارجرين
azeitonas (f pl)	zaytūn (m)	زيتون
azeite (m)	zeyt el zaytūn (m)	زيت الزيتون
leite (m)	laban (m)	لبن
leite (m) condensado	ḥalīb mokassaf (m)	حليب مكثّف
iogurte (m)	zabādy (m)	زبادي
nata (f) azeda	kreyma ḥamḍa (f)	كريمة حامضة
nata (f) do leite	krīma (f)	كريمة
maionese (f)	mayonnɛ:z (m)	مايونيز
creme (m)	krīmet zebda (f)	كريمة زبدة
grãos (m pl) de cereais	ḥobūb ʾamḥ (pl)	حبوب قمح
farinha (f)	deʾīʾ (m)	دقيق
enlatados (m pl)	moʿallabāt (pl)	معلّبات
flocos (m pl) de milho	korn fleks (m)	كورن فليكس
mel (m)	ʿasal (m)	عسل
doce (m)	mrabba (m)	مربّى
pastilha (f) elástica	lebān (m)	لبان

36. Bebidas

água (f)	meyāh (f)	مياه
água (f) potável	mayet ʃorb (m)	ميّة شرب
água (f) mineral	maya maʿdaniya (f)	ميّة معدنية
sem gás	rakeda	راكدة
gaseificada	kanz	كانز
com gás	kanz	كانز
gelo (m)	talg (m)	ثلج
com gelo	bel talg	بالتلج

sem álcool	men ɣeyr koḥūl	من غير كحول
bebida (f) sem álcool	maʃrūb ɣāzy (m)	مشروب غازي
refresco (m)	ḥāga sa"ʿa (f)	حاجة ساقعة
limonada (f)	limonāta (f)	ليموناتة
bebidas (f pl) alcoólicas	maʃrūbāt koḥūliya (pl)	مشروبات كحولية
vinho (m)	χamra (f)	خمرة
vinho (m) branco	nebīz abyaḍ (m)	نبيذ أبيض
vinho (m) tinto	nebī aḥmar (m)	نبيذ أحمر
licor (m)	liqure (m)	ليكيور
champanhe (m)	ʃambania (f)	شمبانيا
vermute (m)	vermote (m)	فيرموت
uísque (m)	wiski (m)	ويسكي
vodka (f)	vodka (f)	فودكا
gim (m)	ʒin (m)	جين
conhaque (m)	konyāk (m)	كونياك
rum (m)	rum (m)	رم
café (m)	ʾahwa (f)	قهوة
café (m) puro	ʾahwa sāda (f)	قهوة سادة
café (m) com leite	ʾahwa bel ḥalīb (f)	قهوة بالحليب
cappuccino (m)	kaputʃino (m)	كابتشينو
café (m) solúvel	neskafe (m)	نيسكافيه
leite (m)	laban (m)	لبن
coquetel (m)	koktayl (m)	كوكتيل
batido (m) de leite	milk ʃejk (m)	ميلك شيك
sumo (m)	ʿaṣīr (m)	عصير
sumo (m) de tomate	ʿaṣīr ṭamāṭem (m)	عصير طماطم
sumo (m) de laranja	ʿaṣīr bortoqāl (m)	عصير برتقال
sumo (m) fresco	ʿaṣīr freʃ (m)	عصير فريش
cerveja (f)	bīra (f)	بيرة
cerveja (f) clara	bīra χafīfa (f)	بيرة خفيفة
cerveja (f) preta	bīra ɣamʾa (f)	بيرة غامقة
chá (m)	ʃāy (m)	شاي
chá (m) preto	ʃāy aḥmar (m)	شاي أحمر
chá (m) verde	ʃāy aχḍar (m)	شاي أخضر

37. Vegetais

legumes (m pl)	χoḍār (pl)	خضار
verduras (f pl)	χoḍrawāt waraqiya (pl)	خضروات ورقية
tomate (m)	ṭamāṭem (f)	طماطم
pepino (m)	χeyār (m)	خيار
cenoura (f)	gazar (m)	جزر
batata (f)	baṭāṭes (f)	بطاطس
cebola (f)	baṣal (m)	بصل
alho (m)	tūm (m)	ثوم

couve (f)	koronb (m)	كرنب
couve-flor (f)	'arnabīṭ (m)	قرنبيط
couve-de-bruxelas (f)	koronb broksel (m)	كرنب بروكسل
brócolos (m pl)	brokkoli (m)	بركولي
beterraba (f)	bangar (m)	بنجر
beringela (f)	bātengān (m)	باذنجان
curgete (f)	kōsa (f)	كوسة
abóbora (f)	qarʿ ʿasaly (m)	قرع عسلي
nabo (m)	left (m)	لفت
salsa (f)	ba'dūnes (m)	بقدونس
funcho, endro (m)	ʃabat (m)	شبت
alface (f)	χass (m)	خسّ
aipo (m)	karfas (m)	كرفس
espargo (m)	helione (m)	هليون
espinafre (m)	sabāneχ (m)	سبانخ
ervilha (f)	besella (f)	بسلّة
fava (f)	fūl (m)	فول
milho (m)	dora (f)	ذرة
feijão (m)	faṣolya (f)	فاصوليا
pimentão (m)	felfel (m)	فلفل
rabanete (m)	fegl (m)	فجل
alcachofra (f)	χarʃūf (m)	خرشوف

38. Frutos. Nozes

fruta (f)	faχa (f)	فاكهة
maçã (f)	toffāḥa (f)	تفّاحة
pera (f)	komettra (f)	كمّثرى
limão (m)	lymūn (m)	ليمون
laranja (f)	bortoqāl (m)	برتقال
morango (m)	farawla (f)	فراولة
tangerina (f)	yosfy (m)	يوسفي
ameixa (f)	bar'ū' (m)	برقوق
pêssego (m)	χawχa (f)	خوخة
damasco (m)	meʃmeʃ (f)	مشمش
framboesa (f)	tūt el ʿalī' el aḥmar (m)	توت العليق الأحمر
ananás (m)	ananās (m)	أناناس
banana (f)	moze (m)	موز
melancia (f)	baṭṭīχ (m)	بطّيخ
uva (f)	ʿenab (m)	عنب
ginja, cereja (f)	karaz (m)	كرز
meloa (f)	ʃammām (f)	شمّام
toranja (f)	grabe frūt (m)	جريب فروت
abacate (m)	avokado (f)	افوكاتو
papaia (f)	babāya (m)	ببايا
manga (f)	manga (m)	مانجة
romã (f)	rommān (m)	رمان

groselha (f) vermelha	keʃmeʃ aḥmar (m)	كشمش أحمر
groselha (f) preta	keʃmeʃ aswad (m)	كشمش أسود
groselha (f) espinhosa	'enab el sa'lab (m)	عنب الثعلب
mirtilo (m)	'enab al aḥrāg (m)	عنب الأحراج
amora silvestre (f)	tūt aswad (m)	توت أسود
uvas (f pl) passas	zebīb (m)	زبيب
figo (m)	tīn (m)	تين
tâmara (f)	tamr (m)	تمر
amendoim (m)	fūl sudāny (m)	فول سوداني
amêndoa (f)	loze (m)	لوز
noz (f)	'eyn gamal (f)	عين الجمل
avelã (f)	bondo' (m)	بندق
coco (m)	goze el hend (m)	جوز هند
pistáchios (m pl)	fosto' (m)	فستق

39. Pão. Bolaria

pastelaria (f)	ḥalawīāt (pl)	حلويّات
pão (m)	'eyʃ (m)	عيش
bolacha (f)	baskawīt (m)	بسكويت
chocolate (m)	ʃokolāta (f)	شكولاتة
de chocolate	bel ʃokolāṭa	بالشكولاتة
rebuçado (m)	bonbony (m)	بونبوني
bolo (cupcake, etc.)	keyka (f)	كيكة
bolo (m) de aniversário	torta (f)	تورتة
tarte (~ de maçã)	feṭīra (f)	فطيرة
recheio (m)	ḥaʃwa (f)	حشوة
doce (m)	mrabba (m)	مربّى
geleia (f) de frutas	marmalād (f)	مرملاد
waffle (m)	waffles (pl)	وافلز
gelado (m)	'ays krīm (m)	آيس كريم
pudim (m)	būding (m)	بودنج

40. Pratos cozinhados

prato (m)	wagba (f)	وجبة
cozinha (~ portuguesa)	maṭbaχ (m)	مطبخ
receita (f)	waṣfa (f)	وصفة
porção (f)	naṣīb (m)	نصيب
salada (f)	solṭa (f)	سلطة
sopa (f)	ʃorba (f)	شوربة
caldo (m)	mara'a (m)	مرقة
sandes (f)	sandawitʃ (m)	ساندويتش
ovos (m pl) estrelados	beyḍ ma'ly (m)	بيض مقلي
hambúrguer (m)	hamburger (m)	هامبورجر

bife (m)	steak laḥm (m)	ستيك لحم
conduto (m)	ṭaba' gāneby (m)	طبق جانبي
espaguete (m)	spaɣetti (m)	سباجيتي
puré (m) de batata	baṭāṭes mahrūsa (f)	بطاطس مهروسة
pizza (f)	bītza (f)	بيتزا
papa (f)	'aṣīda (f)	عصيدة
omelete (f)	omlette (m)	اومليت
cozido em água	maslū'	مسلوق
fumado	modakҳen	مدخّن
frito	ma'ly	مقلي
seco	mogaffaf	مجفّف
congelado	mogammad	مجمّد
em conserva	meҳallel	مخلّل
doce (açucarado)	mesakkar	مسكّر
salgado	māleḥ	مالح
frio	bāred	بارد
quente	soҳn	سخن
amargo	morr	مرّ
gostoso	ḥelw	حلو
cozinhar (em água a ferver)	sala'	سلق
fazer, preparar (vt)	ḥaḍḍar	حضّر
fritar (vt)	'ala	قلي
aquecer (vt)	sakҳan	سخّن
salgar (vt)	rasʃ malḥ	رشّ ملح
apimentar (vt)	rasʃ felfel	رشّ فلفل
ralar (vt)	baraʃ	برش
casca (f)	'eʃra (f)	قشرة
descascar (vt)	'asʃar	قشّر

41. Especiarias

sal (m)	melḥ (m)	ملح
salgado	māleḥ	مالح
salgar (vt)	rasʃ malḥ	رشّ ملح
pimenta (f) preta	felfel aswad (m)	فلفل أسوّد
pimenta (f) vermelha	felfel aḥmar (m)	فلفل أحمر
mostarda (f)	mosṭarda (m)	مسطردة
raiz-forte (f)	fegl ḥār (m)	فجل حار
condimento (m)	bahār (m)	بهار
especiaria (f)	bahār (m)	بهار
molho (m)	ṣalṣa (f)	صلصة
vinagre (m)	ҳall (m)	خلّ
anis (m)	yansūn (m)	ينسون
manjericão (m)	rīḥān (m)	ريحان
cravo (m)	'oronfol (m)	قرنفل
gengibre (m)	zangabīl (m)	زنجبيل
coentro (m)	kozbora (f)	كزبرة

canela (f)	'erfa (f)	قرفة
sésamo (m)	semsem (m)	سمسم
folhas (f pl) de louro	wara' el ɣār (m)	ورق الغار
páprica (f)	babrika (f)	بابريكا
cominho (m)	karawya (f)	كراوية
açafrão (m)	za'farān (m)	زعفران

42. Refeições

comida (f)	akl (m)	أكل
comer (vt)	akal	أكل
pequeno-almoço (m)	foṭūr (m)	فطور
tomar o pequeno-almoço	feṭer	فطر
almoço (m)	ɣada' (m)	غداء
almoçar (vi)	etɣadda	إتغدّى
jantar (m)	'aʃā' (m)	عشاء
jantar (vi)	et'asʃa	إتعشّى
apetite (m)	ʃahiya (f)	شهيّة
Bom apetite!	bel hana wel ʃefa!	بالهنا والشفا!
abrir (~ uma lata, etc.)	fataḥ	فتح
derramar (vt)	dala'	دلق
derramar-se (vr)	dala'	دلق
ferver (vi)	ɣely	غلى
ferver (vt)	ɣely	غلى
fervido	maɣly	مغلي
arrefecer (vt)	barrad	برّد
arrefecer-se (vr)	barrad	برّد
sabor, gosto (m)	ṭa'm (m)	طعم
gostinho (m)	ṭa'm ma ba'd el mazāq (m)	طعم ما بعد المذاق
fazer dieta	χass	خسّ
dieta (f)	reʒīm (m)	رجيم
vitamina (f)	vitamīn (m)	فيتامين
caloria (f)	so'ra ḥarāriya (f)	سعرة حراريّة
vegetariano (m)	nabāty (m)	نباتي
vegetariano	nabāty	نباتي
gorduras (f pl)	dohūn (pl)	دهون
proteínas (f pl)	brotenāt (pl)	بروتينات
carboidratos (m pl)	naʃawīāt (pl)	نشويّات
fatia (~ de limão, etc.)	ʃarīḥa (f)	شريحة
pedaço (~ de bolo)	'eṭ'a (f)	قطعة
migalha (f)	fattāta (f)	فتاتة

43. Por a mesa

colher (f)	ma'la'a (f)	معلقة
faca (f)	sekkīna (f)	سكّينة

garfo (m)	ʃawka (f)	شوكة
chávena (f)	fengān (m)	فنجان
prato (m)	ṭaba' (m)	طبق
pires (m)	ṭaba' fengān (m)	طبق فنجان
guardanapo (m)	mandīl wara' (m)	منديل ورق
palito (m)	χallet senān (f)	خلة سنان

44. Restaurante

restaurante (m)	maṭʿam (m)	مطعم
café (m)	'ahwa (f), kaféih (m)	قهوة, كافيه
bar (m), cervejaria (f)	bār (m)	بار
salão (m) de chá	ṣalone ʃāy (m)	صالون شاي
empregado (m) de mesa	garsone (m)	جرسون
empregada (f) de mesa	garsona (f)	جرسونة
barman (m)	bārman (m)	بارمان
ementa (f)	qā'emet el ṭaʿām (f)	قائمة طعام
lista (f) de vinhos	qā'emet el χomūr (f)	قائمة خمور
reservar uma mesa	ḥagaz sofra	حجز سفرة
prato (m)	wagba (f)	وجبة
pedir (vt)	ṭalab	طلب
fazer o pedido	ṭalab	طلب
aperitivo (m)	ʃarāb (m)	شراب
entrada (f)	moqabbelāt (pl)	مقبّلات
sobremesa (f)	ḥalawīāt (pl)	حلويّات
conta (f)	ḥesāb (m)	حساب
pagar a conta	dafaʿ el ḥesāb	دفع الحساب
dar o troco	edda el bā'y	ادّي الباقي
gorjeta (f)	ba'ʃīʃ (m)	بقشيش

Família, parentes e amigos

45. Informação pessoal. Formulários

nome (m)	esm (m)	اسم
apelido (m)	esm el 'a'ela (m)	اسم العائلة
data (f) de nascimento	tarīχ el melād (m)	تاريخ الميلاد
local (m) de nascimento	makān el melād (m)	مكان الميلاد
nacionalidade (f)	gensiya (f)	جنسيّة
lugar (m) de residência	maqarr el eqāma (m)	مقرّ الإقامة
país (m)	balad (m)	بلد
profissão (f)	mehna (f)	مهنة
sexo (m)	ginss (m)	جنس
estatura (f)	ṭūl (m)	طول
peso (m)	wazn (m)	وزن

46. Membros da família. Parentes

mãe (f)	walda (f)	والدة
pai (m)	wāled (m)	والد
filho (m)	walad (m)	ولد
filha (f)	bent (f)	بنت
filha (f) mais nova	el bent el saɣīra (f)	البنت الصغيرة
filho (m) mais novo	el ebn el saɣīr (m)	الابن الصغير
filha (f) mais velha	el bent el kebīra (f)	البنت الكبيرة
filho (m) mais velho	el ebn el kabīr (m)	الابن الكبير
irmão (m)	aχ (m)	أخ
irmão (m) mais velho	el aχ el kibīr (m)	الأخ الكبير
irmão (m) mais novo	el aχ el ṣoɣeyyir (m)	الأخ الصغير
irmã (f)	oχt (f)	أخت
irmã (f) mais velha	el uχt el kibīra (f)	الأخت الكبيرة
irmã (f) mais nova	el uχt el ṣoɣeyyira (f)	الأخت الصغيرة
primo (m)	ibn 'amm (m), ibn χāl (m)	إبن عمّ, إبن خال
prima (f)	bint 'amm (f), bint χāl (f)	بنت عم, بنت خال
mamã (f)	mama (f)	ماما
papá (m)	baba (m)	بابا
pais (pl)	waldeyn (du)	والدين
criança (f)	ṭefl (m)	طفل
crianças (f pl)	aṭfāl (pl)	أطفال
avó (f)	gedda (f)	جدّة
avô (m)	gadd (m)	جدّ
neto (m)	ḥafīd (m)	حفيد

neta (f)	ḥafīda (f)	حفيدة
netos (pl)	aḥfād (pl)	أحفاد
tio (m)	ʿamm (m), χāl (m)	عمّ, خال
tia (f)	ʿamma (f), χāla (f)	عمة, خالة
sobrinho (m)	ibn el aχ (m), ibn el uχt (m)	إبن الأخ, إبن الأخت
sobrinha (f)	bint el aχ (f), bint el uχt (f)	بنت الأخ, بنت الأخت
sogra (f)	ḥamah (f)	حماة
sogro (m)	ḥama (m)	حما
genro (m)	goze el bent (m)	جوز البنت
madrasta (f)	merāt el abb (f)	مرات الأب
padrasto (m)	goze el omm (m)	جوز الأم
criança (f) de colo	ṭefl raḍeeʿ (m)	طفل رضيع
bebé (m)	mawlūd (m)	موّلود
menino (m)	walad ṣaɣīr (m)	ولد صغير
mulher (f)	goza (f)	جوزة
marido (m)	goze (m)	جوز
esposo (m)	goze (m)	جوز
esposa (f)	goza (f)	جوزة
casado	metgawwez	متجوّز
casada	metgawweza	متجوزة
solteiro	aʿzab	أعزب
solteirão (m)	aʿzab (m)	أعزب
divorciado	moṭallaq (m)	مطلّق
viúva (f)	armala (f)	أرملة
viúvo (m)	armal (m)	أرمل
parente (m)	ʾarīb (m)	قريب
parente (m) próximo	nesīb ʾarīb (m)	نسيب قريب
parente (m) distante	nesīb beʿīd (m)	نسيب بعيد
parentes (m pl)	aqāreb (pl)	أقارب
órfão (m), órfã (f)	yatīm (m)	يتيم
tutor (m)	walyī amr (m)	وليّ أمر
adotar (um filho)	tabanna	تبنّى
adotar (uma filha)	tabanna	تبنّى

Medicina

47. Doenças

doença (f)	marad (m)	مرض
estar doente	mereḍ	مرض
saúde (f)	ṣeḥḥa (f)	صحّة
nariz (m) a escorrer	raʃ-ḥ fel anf (m)	رشح في الأنف
amigdalite (f)	eltehāb el lawzateyn (m)	إلتهاب اللوزتين
constipação (f)	zokām (m)	زكام
constipar-se (vr)	gālo bard	جاله برد
bronquite (f)	eltehāb ʃoʿaby (m)	إلتهاب شعبيّ
pneumonia (f)	eltehāb raʾawy (m)	إلتهاب رئوي
gripe (f)	influenza (f)	إنفلونزا
míope	ʾaṣīr el naẓar	قصير النظر
presbita	beʿīd el naẓar	بعيد النظر
estrabismo (m)	ḥawal (m)	حوَل
estrábico	aḥwal	أحوَل
catarata (f)	katarakt (f)	كاتاراكت
glaucoma (m)	glawkoma (f)	جلوكوما
AVC (m), apoplexia (f)	sakta (f)	سكتة
ataque (m) cardíaco	azma ʾalbiya (f)	أزمة قلبية
enfarte (m) do miocárdio	nawba ʾalbiya (f)	نوبة قلبية
paralisia (f)	ʃalal (m)	شلل
paralisar (vt)	ʃall	شلّ
alergia (f)	ḥasasiya (f)	حساسيّة
asma (f)	rabw (m)	ربو
diabetes (f)	dāʾ el sokkary (m)	داء السكّري
dor (f) de dentes	alam asnān (m)	ألم الأسنان
cárie (f)	naχr el asnān (m)	نخر الأسنان
diarreia (f)	es-hāl (m)	إسهال
prisão (f) de ventre	emsāk (m)	إمساك
desarranjo (m) intestinal	edṭrāb el meʿda (m)	إضطراب المعدة
intoxicação (f) alimentar	tasammom (m)	تسمم
intoxicar-se	etsammem	إتسمّم
artrite (f)	eltehāb el mafāṣel (m)	إلتهاب المفاصل
raquitismo (m)	kosāḥ el aṭfāl (m)	كساح الأطفال
reumatismo (m)	rheumatism (m)	روماتزم
arteriosclerose (f)	taṣṣallob el ʃarayīn (m)	تصلّب الشرايين
gastrite (f)	eltehāb el meʿda (m)	إلتهاب المعدة
apendicite (f)	eltehāb el zayda el dūdiya (m)	إلتهاب الزائدة الدودية

colecistite (f)	eltehāb el marāra (m)	إلتهاب المرارة
úlcera (f)	qorḥa (f)	قرحة
sarampo (m)	maraḍ el ḥaṣba (m)	مرض الحصبة
rubéola (f)	el ḥaṣba el almaniya (f)	الحصبة الألمانية
iterícia (f)	yaraqān (m)	يرقان
hepatite (f)	eltehāb el kabed el vayrūsy (m)	إلتهاب الكبد الفيروسي
esquizofrenia (f)	fuṣām (m)	فصام
raiva (f)	dāʾ el kalb (m)	داء الكلب
neurose (f)	edṭrāb ʿaṣaby (m)	إضطراب عصبي
comoção (f) cerebral	ertegāg el moχ (m)	إرتجاج المخ
cancro (m)	saraṭān (m)	سرطان
esclerose (f)	taṣṣallob (m)	تصلّب
esclerose (f) múltipla	taṣṣallob motaʿadded (m)	تصلّب متعدّد
alcoolismo (m)	edmān el χamr (m)	إدمان الخمر
alcoólico (m)	modmen el χamr (m)	مدمن الخمر
sífilis (f)	syfilis el zehry (m)	سفلس الزهري
SIDA (f)	el eydz (m)	الايدز
tumor (m)	waram (m)	ورم
maligno	χabīs	خبيث
benigno	ḥamīd (m)	حميد
febre (f)	ḥomma (f)	حمّى
malária (f)	malaria (f)	ملاريا
gangrena (f)	ɣanɣarīna (f)	غنغرينا
enjoo (m)	dawār el baḥr (m)	دوار البحر
epilepsia (f)	maraḍ el ṣaraʿ (m)	مرض الصرع
epidemia (f)	wabāʾ (m)	وباء
tifo (m)	tyfus (m)	تيفوس
tuberculose (f)	maraḍ el soll (m)	مرض السلّ
cólera (f)	kōlīra (f)	كوليرا
peste (f)	ṭaʿūn (m)	طاعون

48. Sintomas. Tratamentos. Parte 1

sintoma (m)	ʿaraḍ (m)	عرض
temperatura (f)	ḥarāra (f)	حرارة
febre (f)	ḥomma (f)	حمّى
pulso (m)	nabḍ (m)	نبض
vertigem (f)	dawχa (f)	دوخة
quente (testa, etc.)	soχn	سخن
calafrio (m)	raʿʃa (f)	رعشة
pálido	aṣfar	أصفر
tosse (f)	koḥḥa (f)	كحّة
tossir (vi)	kaḥḥ	كحّ
espirrar (vi)	ʿaṭas	عطس

desmaio (m)	dawχa (f)	دوخة
desmaiar (vi)	oɣma 'aleyh	أغمي عليه
nódoa (f) negra	kadma (f)	كدمة
galo (m)	tawarrom (m)	تورّم
magoar-se (vr)	etχabaṭ	إتخبط
pisadura (f)	raḍḍa (f)	رضّة
aleijar-se (vr)	etkadam	إتكدم
coxear (vi)	'arag	عرج
deslocação (f)	χal' (m)	خلع
deslocar (vt)	χala'	خلع
fratura (f)	kasr (m)	كسر
fraturar (vt)	enkasar	إنكسر
corte (m)	garḥ (m)	جرح
cortar-se (vr)	garaḥ nafsoh	جرح نفسه
hemorragia (f)	nazīf (m)	نزيف
queimadura (f)	ḥar' (m)	حرق
queimar-se (vr)	et-ḥara'	إتحرق
picar (vt)	waχaz	وخز
picar-se (vr)	waχaz nafso	وخز نفسه
lesionar (vt)	aṣāb	أصاب
lesão (m)	eṣāba (f)	إصابة
ferida (f), ferimento (m)	garḥ (m)	جرح
trauma (m)	ṣadma (f)	صدمة
delirar (vi)	haza	هذى
gaguejar (vi)	tala'sam	تلعثم
insolação (f)	ḍarabet ʃams (f)	ضربة شمس

49. Sintomas. Tratamentos. Parte 2

dor (f)	alam (m)	ألم
farpa (no dedo)	ʃazya (f)	شظية
suor (m)	'er' (m)	عرق
suar (vi)	'ere'	عرق
vómito (m)	targee' (m)	ترجيع
convulsões (f pl)	taʃonnogāt (pl)	تشنّجات
grávida	ḥāmel	حامل
nascer (vi)	etwalad	اتولّد
parto (m)	welāda (f)	ولادة
dar à luz	walad	ولد
aborto (m)	eg-hāḍ (m)	إجهاض
respiração (f)	tanaffos (m)	تنفّس
inspiração (f)	estenʃāq (m)	إستنشاق
expiração (f)	zafīr (m)	زفير
expirar (vi)	zafar	زفر
inspirar (vi)	estanʃaq	إستنشق

inválido (m)	mo'āq (m)	معاق
aleijado (m)	moq'ad (m)	مقعد
toxicodependente (m)	modmen moχaddarāt (m)	مدمن مخدّرات
surdo	aṭraʃ	أطرش
mudo	aχras	أخرس
surdo-mudo	aṭraʃ aχras	أطرش أخرس
louco (adj.)	magnūn	مجنون
louco (m)	magnūn (m)	مجنون
louca (f)	magnūna (f)	مجنونة
ficar louco	etgannen	اتجنّن
gene (m)	ʒīn (m)	جين
imunidade (f)	manā'a (f)	مناعة
hereditário	werāsy	وراثي
congénito	χolqy men el welāda	خلقي من الولادة
vírus (m)	virūs (m)	فيروس
micróbio (m)	mikrūb (m)	ميكروب
bactéria (f)	garsūma (f)	جرثومة
infeção (f)	'adwa (f)	عدوى

50. Sintomas. Tratamentos. Parte 3

hospital (m)	mostaʃfa (m)	مستشفى
paciente (m)	marīḍ (m)	مريض
diagnóstico (m)	taʃχīṣ (m)	تشخيص
cura (f)	ʃefā' (m)	شفاء
tratamento (m) médico	'elāg ṭebby (m)	علاج طبي
curar-se (vr)	et'āleg	اتعالج
tratar (vt)	'ālag	عالج
cuidar (pessoa)	marraḍ	مرّض
cuidados (m pl)	'enāya (f)	عناية
operação (f)	'amaliya grāḥiya (f)	عمليّة جراحية
enfaixar (vt)	ḍammad	ضمّد
enfaixamento (m)	taḍmīd (m)	تضميد
vacinação (f)	talqīḥ (m)	تلقيح
vacinar (vt)	laqqaḥ	لقّح
injeção (f)	ḥo'na (f)	حقنة
dar uma injeção	ḥa'an ebra	حقن إبرة
ataque (~ de asma, etc.)	nawba (f)	نوبة
amputação (f)	batr (m)	بتر
amputar (vt)	batr	بتر
coma (f)	ɣaybūba (f)	غيبوبة
estar em coma	kān fi ḥālet ɣaybūba	كان في حالة غيبوبة
reanimação (f)	el 'enāya el morakkaza (f)	العناية المركّزة
recuperar-se (vr)	ʃefy	شفي
estado (~ de saúde)	ḥāla (f)	حالة

consciência (f)	wa'y (m)	وعي
memória (f)	zākera (f)	ذاكرة
tirar (vt)	xala'	خلع
chumbo (m), obturação (f)	ḥaʃww (m)	حشوّ
chumbar, obturar (vt)	ḥaʃa	حشا
hipnose (f)	el tanwīm el meɣnaṭīsy (m)	التنويم المغناطيسى
hipnotizar (vt)	nawwem	نوّم

51. Médicos

médico (m)	doktore (m)	دكتور
enfermeira (f)	momarreḍa (f)	ممرّضة
médico (m) pessoal	doktore ʃaxṣy (m)	دكتور شخصي
dentista (m)	doktore asnān (m)	دكتور أسنان
oculista (m)	doktore el 'oyūn (m)	دكتور العيون
terapeuta (m)	ṭabīb baṭna (m)	طبيب باطنة
cirurgião (m)	garrāḥ (m)	جرّاح
psiquiatra (m)	doktore nafsāny (m)	دكتور نفساني
pediatra (m)	doktore aṭfāl (m)	دكتور أطفال
psicólogo (m)	axeṣā'y 'elm el nafs (m)	أخصائي علم النفس
ginecologista (m)	doktore nesa (m)	دكتور نسا
cardiologista (m)	doktore 'alb (m)	دكتور قلب

52. Medicina. Drogas. Acessórios

medicamento (m)	dawā' (m)	دواء
remédio (m)	'elāg (m)	علاج
receitar (vt)	waṣaf	وصف
receita (f)	waṣfa (f)	وصفة
comprimido (m)	'orṣ (m)	قرص
pomada (f)	marham (m)	مرهم
ampola (f)	ambūla (f)	أمبولة
preparado (m)	dawā' ʃorb (m)	دواء شراب
xarope (m)	ʃarāb (m)	شراب
cápsula (f)	ḥabba (f)	حبّة
remédio (m) em pó	zorūr (m)	ذرور
ligadura (f)	ḍammāda ʃāʃ (f)	ضمادة شاش
algodão (m)	'oṭn (m)	قطن
iodo (m)	yūd (m)	يود
penso (m) rápido	blaster (m)	بلاستر
conta-gotas (m)	'aṭṭāra (f)	قطّارة
termómetro (m)	termometr (m)	ترمومتر
seringa (f)	serennga (f)	سرنّجة
cadeira (f) de rodas	korsy motaḥarrek (m)	كرسي متحرك
muletas (f pl)	'okkāz (m)	عكّاز

analgésico (m)	mosakken (m)	مسكّن
laxante (m)	molayen (m)	مليّن
álcool (m) etílico	etanol (m)	إيثانول
ervas (f pl) medicinais	a'ʃāb ṭebbiya (pl)	أعشاب طبّية
de ervas (chá ~)	'oʃby	عشبي

HABITAT HUMANO

Cidade

53. Cidade. Vida na cidade

cidade (f)	madīna (f)	مدينة
capital (f)	'āṣema (f)	عاصمة
aldeia (f)	qarya (f)	قرية
mapa (m) da cidade	χarīṭet el madinah (f)	خريطة المدينة
centro (m) da cidade	wesṭ el balad (m)	وسط البلد
subúrbio (m)	ḍāḥeya (f)	ضاحية
suburbano	el ḍawāḥy	الضواحي
periferia (f)	aṭrāf el madīna (pl)	أطراف المدينة
arredores (m pl)	ḍawāḥy el madīna (pl)	ضواحي المدينة
quarteirão (m)	ḥayī (m)	حي
quarteirão (m) residencial	ḥayī sakany (m)	حي سكني
tráfego (m)	ḥaraket el morūr (f)	حركة المرور
semáforo (m)	eʃārāt el morūr (pl)	إشارات المرور
transporte (m) público	wasā'el el na'l (pl)	وسائل النقل
cruzamento (m)	taqāṭo' (m)	تقاطع
passadeira (f)	ma'bar (m)	معبر
passagem (f) subterrânea	nafa' moʃāh (m)	نفق مشاه
cruzar, atravessar (vt)	'abar	عبر
peão (m)	māʃy (m)	ماشي
passeio (m)	raṣīf (m)	رصيف
ponte (f)	kobry (m)	كبري
margem (f) do rio	korneyʃ (m)	كورنيش
fonte (f)	nafūra (f)	نافورة
alameda (f)	mamʃa (m)	ممشى
parque (m)	ḥadīqa (f)	حديقة
bulevar (m)	bolvār (m)	بولفار
praça (f)	medān (m)	ميدان
avenida (f)	ʃāre' (m)	شارع
rua (f)	ʃāre' (m)	شارع
travessa (f)	zo'ā' (m)	زقاق
beco (m) sem saída	ṭarī' masdūd (m)	طريق مسدود
casa (f)	beyt (m)	بيت
edifício, prédio (m)	mabna (m)	مبنى
arranha-céus (m)	nāṭeḥet sahāb (f)	ناطحة سحاب
fachada (f)	waɣa (f)	واجهة
telhado (m)	sa'f (m)	سقف

janela (f)	ʃebbāk (m)	شبّاك
arco (m)	qose (m)	قوس
coluna (f)	ʿamūd (m)	عمود
esquina (f)	zawya (f)	زاوية
montra (f)	vatrīna (f)	فترينة
letreiro (m)	yafṭa, lāfeta (f)	يافطة, لافتة
cartaz (m)	boster (m)	بوستر
cartaz (m) publicitário	boster eʿlān (m)	بوستر إعلان
painel (m) publicitário	lawḥet eʿlanāt (f)	لوحة إعلانات
lixo (m)	zebāla (f)	زبالة
cesta (f) do lixo	ṣandū' zebāla (m)	صندوق زبالة
jogar lixo na rua	rama zebāla	رمى زبالة
aterro (m) sanitário	mazbala (f)	مزبلة
cabine (f) telefónica	koʃk telefōn (m)	كشك تليفون
candeeiro (m) de rua	ʿamūd nūr (m)	عمود نور
banco (m)	korsy (m)	كرسي
polícia (m)	ʃorṭy (m)	شرطي
polícia (instituição)	ʃorṭa (f)	شرطة
mendigo (m)	ʃaḥḥāt (m)	شحّات
sem-abrigo (m)	motaʃarred (m)	متشرّد

54. Instituições urbanas

loja (f)	maḥal (m)	محل
farmácia (f)	ṣaydaliya (f)	صيدليّة
ótica (f)	maḥal naḍḍārāt (m)	محل نضّارات
centro (m) comercial	mole (m)	مول
supermercado (m)	subermarket (m)	سوبرماركت
padaria (f)	maχbaz (m)	مخبز
padeiro (m)	χabbāz (m)	خبّاز
pastelaria (f)	ḥalawāny (m)	حلواني
mercearia (f)	ba''āla (f)	بقّالة
talho (m)	gezāra (f)	جزارة
loja (f) de legumes	dokkān χoḍār (m)	دكّان خضار
mercado (m)	sū' (f)	سوق
café (m)	'ahwa (f), kaféih (m)	قهوة, كافيه
restaurante (m)	maṭʿam (m)	مطعم
bar (m), cervejaria (f)	bār (m)	بار
pizzaria (f)	maḥal pizza (m)	محل بيتزا
salão (m) de cabeleireiro	ṣalone ḥelā'a (m)	صالون حلاقة
correios (m pl)	maktab el barīd (m)	مكتب البريد
lavandaria (f)	dray klīn (m)	دراي كلين
estúdio (m) fotográfico	estudio taṣwīr (m)	إستوديو تصوير
sapataria (f)	maḥal gezam (m)	محل جزم
livraria (f)	maḥal kotob (m)	محل كتب

loja (f) de artigos de desporto	maḥal mostalzamāt reyaḍiya (m)	محل مستلزمات رياضية
reparação (f) de roupa	maḥal χeyāṭet malābes (m)	محل خياطة ملابس
aluguer (m) de roupa	ta'gīr malābes rasmiya (m)	تأجير ملابس رسمية
aluguer (m) de filmes	maḥal ta'gīr video (m)	محل تأجير فيديو
circo (m)	serk (m)	سيرك
jardim (m) zoológico	ḥadīqet el ḥayawān (f)	حديقة حيوان
cinema (m)	sinema (f)	سينما
museu (m)	mat-ḥaf (m)	متحف
biblioteca (f)	maktaba (f)	مكتبة
teatro (m)	masraḥ (m)	مسرح
ópera (f)	obra (f)	أوبرا
clube (m) noturno	malha leyly (m)	ملهى ليّلي
casino (m)	kazino (m)	كازينو
mesquita (f)	masged (m)	مسجد
sinagoga (f)	kenīs (m)	كنيس
catedral (f)	katedra'iya (f)	كاتدرائية
templo (m)	ma'bad (m)	معبد
igreja (f)	kenīsa (f)	كنيسة
instituto (m)	kolliya (m)	كليّة
universidade (f)	gam'a (f)	جامعة
escola (f)	madrasa (f)	مدرسة
prefeitura (f)	moqaṭ'a (f)	مقاطعة
câmara (f) municipal	baladiya (f)	بلديّة
hotel (m)	fondo' (m)	فندق
banco (m)	bank (m)	بنك
embaixada (f)	safāra (f)	سفارة
agência (f) de viagens	ʃerket seyāḥa (f)	شركة سياحة
agência (f) de informações	maktab el este'lāmāt (m)	مكتب الإستعلامات
casa (f) de câmbio	ṣarrāfa (f)	صرّافة
metro (m)	metro (m)	مترو
hospital (m)	mostaʃfa (m)	مستشفى
posto (m) de gasolina	maḥaṭṭet banzīn (f)	محطّة بنزين
parque (m) de estacionamento	maw'ef el 'arabeyāt (m)	موقف العربيات

55. Sinais

letreiro (m)	yafṭa, lāfeta (f)	لافتة, يافطة
inscrição (f)	bayān (m)	بيان
cartaz, póster (m)	boster (m)	بوستر
sinal (m) informativo	'alāmet (f)	علامة إتجاه
seta (f)	'alāmet eʃāra (f)	علامة إشارة
aviso (advertência)	taḥzīr (m)	تحذير
sinal (m) de aviso	lāfetat taḥzīr (f)	لافتة تحذير
avisar, advertir (vt)	ḥazzar	حذّر

dia (m) de folga	yome ʿoṭla (m)	يوم عطلة
horário (m)	gadwal (m)	جدوَل
horário (m) de funcionamento	aw'āt el ʿamal (pl)	أوقات العمل
BEM-VINDOS!	ahlan w sahlan!	أهلاً وسهلا!
ENTRADA	doχūl	دخول
SAÍDA	χorūg	خروج
EMPURRE	edfaʿ	إدفع
PUXE	es-ḥab	إسحب
ABERTO	maftūḥ	مفتوح
FECHADO	moɣlaq	مغلق
MULHER	lel sayedāt	للسيدات
HOMEM	lel regāl	للرجال
DESCONTOS	χoṣomāt	خصومات
SALDOS	taχfeḍāt	تخفيضات
NOVIDADE!	gedīd!	جديد!
GRÁTIS	maggānan	مجّاناً
ATENÇÃO!	entebāh!	إنتباه!
NÃO HÁ VAGAS	koll el amāken maḥgūza	كلّ الأماكن محجوزة
RESERVADO	maḥgūz	محجوز
ADMINISTRAÇÃO	edāra	إدارة
SOMENTE PESSOAL AUTORIZADO	lel ʿamelīn faqaṭ	للعاملين فقط
CUIDADO CÃO FEROZ	eḥzar wogūd kalb	إحذر وجود الكلب
PROIBIDO FUMAR!	mamnūʿ el tadχīn	ممنوع التدخين
NÃO TOCAR	ʿadam el lams	عدم اللمس
PERIGOSO	χaṭīr	خطير
PERIGO	χaṭar	خطر
ALTA TENSÃO	tayār ʿāly	تيّار عالي
PROIBIDO NADAR	el sebāḥa mamnūʿa	السباحة ممنوعة
AVARIADO	moʿaṭṭal	معطّل
INFLAMÁVEL	sareeʿ el eʃteʿāl	سريع الإشتعال
PROIBIDO	mamnūʿ	ممنوع
ENTRADA PROIBIDA	mamnūʿ el morūr	ممنوع المرور
CUIDADO TINTA FRESCA	eḥzar ṭelāʾ ɣayr gāf	احذر طلاء غير جاف

56. Transportes urbanos

autocarro (m)	buṣ (m)	باص
elétrico (m)	trām (m)	ترام
troleicarro (m)	trolly buṣ (m)	ترولي باص
itinerário (m)	χaṭṭ (m)	خطّ
número (m)	raqam (m)	رقم
ir de ... (carro, etc.)	rāḥ be ...	... راح بـ
entrar (~ no autocarro)	rekeb	ركب

descer de ...	nezel men	نزل من
paragem (f)	maw'af (m)	موّقف
próxima paragem (f)	el maḥaṭṭa el gaya (f)	المحطة الجايّة
ponto (m) final	'āχer maw'af (m)	آخر موقف
horário (m)	gadwal (m)	جدوّل
esperar (vt)	estanna	إستنّى
bilhete (m)	tazkara (f)	تذكرة
custo (m) do bilhete	ogra (f)	أجرة
bilheteiro (m)	kaʃier (m)	كاشيير
controlo (m) dos bilhetes	taftīʃ el tazāker (m)	تفتيش التذاكر
revisor (m)	mofatteʃ tazāker (m)	مفتّش تذاكر
atrasar-se (vr)	met'akχer	متأخّر
perder (o autocarro, etc.)	ta'akχar	تأخّر
estar com pressa	mesta'gel	مستعجل
táxi (m)	taksi (m)	تاكسي
taxista (m)	sawwā' taksi (m)	سوّاق تاكسي
de táxi (ir ~)	bel taksi	بالتاكسي
praça (f) de táxis	maw'ef taksi (m)	موّقف تاكسي
chamar um táxi	kallem taksi	كلّم تاكسي
apanhar um táxi	aχad taksi	أخد تاكسي
tráfego (m)	ḥaraket el morūr (f)	حركة المرور
engarrafamento (m)	zaḥmet el morūr (f)	زحمة المرور
horas (f pl) de ponta	sā'et el zorwa (f)	ساعة الذروة
estacionar (vi)	rakan	ركن
estacionar (vt)	rakan	ركن
parque (m) de estacionamento	maw'ef el 'arabeyāt (m)	موقف العربيات
metro (m)	metro (m)	مترو
estação (f)	maḥaṭṭa (f)	محطّة
ir de metro	aχad el metro	أخد المترو
comboio (m)	qeṭār, 'aṭṭr (m)	قطار
estação (f)	maḥaṭṭet qeṭār (f)	محطّة قطار

57. Turismo

monumento (m)	temsāl (m)	تمثال
fortaleza (f)	'al'a (f)	قلعة
palácio (m)	'aṣr (m)	قصر
castelo (m)	'al'a (f)	قلعة
torre (f)	borg (m)	برج
mausoléu (m)	ḍarīḥ (m)	ضريح
arquitetura (f)	handasa me'māriya (f)	هندسة معمارية
medieval	men el qorūn el wosṭa	من القرون الوسطى
antigo	'atīq	عتيق
nacional	waṭany	وطني
conhecido	maʃ-hūr	مشهور
turista (m)	sā'eḥ (m)	سائح
guia (pessoa)	morʃed (m)	مرشد

excursão (f)	gawla (f)	جولة
mostrar (vt)	warra	ورّى
contar (vt)	'āl	قال
encontrar (vt)	la'a	لقى
perder-se (vr)	ḍāʿ	ضاع
mapa (~ do metrô)	χarīṭa (f)	خريطة
mapa (~ da cidade)	χarīṭa (f)	خريطة
lembrança (f), presente (m)	tezkār (m)	تذكار
loja (f) de presentes	maḥal hadāya (m)	محل هدايا
fotografar (vt)	ṣawwar	صوّر
fotografar-se	etṣawwar	إتصوّر

58. Compras

comprar (vt)	eʃtara	إشترى
compra (f)	ḥāga (f)	حاجة
fazer compras	eʃtara	إشترى
compras (f pl)	ʃobbing (m)	شوبينج
estar aberta (loja, etc.)	maftūḥ	مفتوح
estar fechada	moɣlaq	مغلق
calçado (m)	gezam (pl)	جزم
roupa (f)	malābes (pl)	ملابس
cosméticos (m pl)	mawād tagmīl (pl)	مواد تجميل
alimentos (m pl)	akl (m)	أكل
presente (m)	hediya (f)	هديّة
vendedor (m)	bayāʿ (m)	بيّاع
vendedora (f)	bayāʿa (f)	بيّاعة
caixa (f)	ṣandū' el dafʿ (m)	صندوق الدفع
espelho (m)	merāya (f)	مراية
balcão (m)	manḍada (f)	منضدة
cabine (f) de provas	ɣorfet el 'eyās (f)	غرفة القياس
provar (vt)	garrab	جرّب
servir (vi)	nāseb	ناسب
gostar (apreciar)	ʿagab	عجب
preço (m)	seʿr (m)	سعر
etiqueta (f) de preço	tiket el seʿr (m)	تيكت السعر
custar (vt)	kallef	كلّف
Quanto?	bekām?	بكام؟
desconto (m)	χaṣm (m)	خصم
não caro	meʃ ɣāly	مش غالي
barato	reχīṣ	رخيص
caro	ɣāly	غالي
É caro	da ɣāly	ده غالي
aluguer (m)	este'gār (m)	إستئجار
alugar (vestidos, etc.)	est'gar	إستأجر

crédito (m)	e'temān (m)	إئتمان
a crédito	bel ta'seeṭ	بالتقسيط

59. Dinheiro

dinheiro (m)	folūs (pl)	فلوس
câmbio (m)	taḥwīl ʿomla (m)	تحويل عملة
taxa (f) de câmbio	seʿr el ṣarf (m)	سعر الصرف
Caixa Multibanco (m)	makinet ṣarrāf 'āly (f)	ماكينة صرّاف آلي
moeda (f)	'erʃ (m)	قرش
dólar (m)	dolār (m)	دولار
euro (m)	yoro (m)	يورو
lira (f)	lira (f)	ليرة
marco (m)	el mark el almāny (m)	المارك الألماني
franco (m)	frank (m)	فرنك
libra (f) esterlina	geneyh esterlīny (m)	جنيه استرليني
iene (m)	yen (m)	ين
dívida (f)	deyn (m)	دين
devedor (m)	modīn (m)	مدين
emprestar (vt)	sallef	سلّف
pedir emprestado	estalaf	إستلف
banco (m)	bank (m)	بنك
conta (f)	ḥesāb (m)	حساب
depositar (vt)	awdaʿ	أودع
depositar na conta	awdaʿ fel ḥesāb	أودع في الحساب
levantar (vt)	saḥab men el ḥesāb	سحب من الحساب
cartão (m) de crédito	kredit kard (f)	كريدت كارد
dinheiro (m) vivo	kæʃ (m)	كاش
cheque (m)	ʃīk (m)	شيك
passar um cheque	katab ʃīk	كتب شيك
livro (m) de cheques	daftar ʃikāt (m)	دفتر شيكات
carteira (f)	maḥfaẓa (f)	محفظة
porta-moedas (m)	maḥfazet fakka (f)	محفظة فكّة
cofre (m)	χazzāna (f)	خزّانة
herdeiro (m)	wāres (m)	وارث
herança (f)	werāsa (f)	وراثة
fortuna (riqueza)	sarwa (f)	ثروّة
arrendamento (m)	ʿa'd el egār (m)	عقد الإيجار
renda (f) de casa	ogret el sakan (f)	أجرة السكن
alugar (vt)	est'gar	إستأجر
preço (m)	seʿr (m)	سعر
custo (m)	taman (m)	ثمن
soma (f)	mablaɣ (m)	مبلغ
gastar (vt)	ṣaraf	صرف
gastos (m pl)	maṣarīf (pl)	مصاريف

economizar (vi)	waffar	وفّر
económico	mowaffer	موّفر
pagar (vt)	dafa'	دفع
pagamento (m)	daf' (m)	دفع
troco (m)	el bā'y (m)	الباقي
imposto (m)	ḍarība (f)	ضريبة
multa (f)	ɣarāma (f)	غرامة
multar (vt)	faraḍ ɣarāma	فرض غرامة

60. Correios. Serviço postal

correios (m pl)	maktab el barīd (m)	مكتب البريد
correio (m)	el barīd (m)	البريد
carteiro (m)	sā'y el barīd (m)	ساعي البريد
horário (m)	aw'āt el 'amal (pl)	أوقات العمل
carta (f)	resāla (f)	رسالة
carta (f) registada	resāla mosaggala (f)	رسالة مسجّلة
postal (m)	kart barīdy (m)	كرت بريدي
telegrama (m)	barqiya (f)	برقيّة
encomenda (f) postal	ṭard (m)	طرد
remessa (f) de dinheiro	ḥewāla māliya (f)	حوالة مالية
receber (vt)	estalam	إستلم
enviar (vt)	arsal	أرسل
envio (m)	ersāl (m)	إرسال
endereço (m)	'enwān (m)	عنوان
código (m) postal	raqam el barīd (m)	رقم البريد
remetente (m)	morsel (m)	مرسل
destinatário (m)	morsel elayh (m)	مرسل إليه
nome (m)	esm (m)	اسم
apelido (m)	esm el 'a'ela (m)	اسم العائلة
tarifa (f)	ta'rīfa (f)	تعريفة
ordinário	'ādy	عادي
económico	mowaffer	موّفر
peso (m)	wazn (m)	وزن
pesar (estabelecer o peso)	wazan	وزن
envelope (m)	ẓarf (m)	ظرف
selo (m)	ṭābe' (m)	طابع
colar o selo	alṣaq ṭābe'	ألصق طابع

Moradia. Casa. Lar

61. Casa. Eletricidade

eletricidade (f)	kahraba' (m)	كهرباء
lâmpada (f)	lammba (f)	لمّبة
interruptor (m)	meftāḥ (m)	مفتاح
fusível (m)	fuse (m)	فيوز
fio, cabo (m)	selk (m)	سلك
instalação (f) elétrica	aslāk (pl)	أسلاك
contador (m) de eletricidade	'addād (m)	عدّاد
indicação (f), registo (m)	qerā'a (f)	قراءة

62. Moradia. Mansão

casa (f) de campo	villa rīfiya (f)	فيلا ريفيّة
vila (f)	villa (f)	فيلا
ala (~ do edifício)	genāḥ (m)	جناح
jardim (m)	geneyna (f)	جنينة
parque (m)	ḥadīqa (f)	حديقة
estufa (f)	dafī'a (f)	دفيئة
cuidar de ...	ehtamm	إهتمّ
piscina (f)	ḥammām sebāḥa (m)	حمّام سباحة
ginásio (m)	gīm (m)	جيم
campo (m) de ténis	mal'ab tennis (m)	ملعب تنسّ
cinema (m)	sinema manzeliya (f)	سينما منزليّة
garagem (f)	garāʒ (m)	جراج
propriedade (f) privada	melkiya χāṣa (f)	ملكيّة خاصّة
terreno (m) privado	arḍ χāṣa (m)	أرض خاصّة
advertência (f)	taḥzīr (m)	تحذير
sinal (m) de aviso	lāfetat taḥzīr (f)	لافتة تحذير
guarda (f)	ḥerāsa (f)	حراسة
guarda (m)	ḥāres amn (m)	حارس أمن
alarme (m)	gehāz enzār (m)	جهاز إنذار

63. Apartamento

apartamento (m)	ʃa''a (f)	شقّة
quarto (m)	oḍa (f)	أوضة
quarto (m) de dormir	oḍet el nome (f)	أوضة النوم

sala (f) de jantar	oḍet el sofra (f)	أوضة السفرة
sala (f) de estar	oḍet el esteqbāl (f)	أوضة الإستقبال
escritório (m)	maktab (m)	مكتب
antessala (f)	madχal (m)	مدخل
quarto (m) de banho	ḥammām (m)	حمّام
toilette (lavabo)	ḥammām (m)	حمّام
teto (m)	sa'f (m)	سقف
chão, soalho (m)	arḍiya (f)	أرضية
canto (m)	zawya (f)	زاوية

64. Mobiliário. Interior

mobiliário (m)	asās (m)	أثاث
mesa (f)	maktab (m)	مكتب
cadeira (f)	korsy (m)	كرسي
cama (f)	serīr (m)	سرير
divã (m)	kanaba (f)	كنبة
cadeirão (m)	korsy (m)	كرسي
estante (f)	χazzānet kotob (f)	خزّانة كتب
prateleira (f)	raff (m)	رفّ
guarda-vestidos (m)	dolāb (m)	دولاب
cabide (m) de parede	ʃammā'a (f)	شمّاعة
cabide (m) de pé	ʃammā'a (f)	شمّاعة
cómoda (f)	dolāb adrāg (m)	دولاب أدراج
mesinha (f) de centro	ṭarabeyzet el 'ahwa (f)	طرابيزة القهوة
espelho (m)	merāya (f)	مراية
tapete (m)	seggāda (f)	سجّادة
tapete (m) pequeno	seggāda (f)	سجّادة
lareira (f)	daffāya (f)	دفّاية
vela (f)	ʃam'a (f)	شمعة
castiçal (m)	ʃam'adān (m)	شمعدان
cortinas (f pl)	satā'er (pl)	ستائر
papel (m) de parede	wara' ḥā'eṭ (m)	ورق حائط
estores (f pl)	satā'er ofoqiya (pl)	ستائر أفقيّة
candeeiro (m) de mesa	abāʒūr (f)	اباجورة
candeeiro (m) de parede	lammbet ḥā'eṭ (f)	لمبة حائط
candeeiro (m) de pé	meṣbāḥ arḍy (m)	مصباح أرضي
lustre (m)	nagafa (f)	نجفة
pé (de mesa, etc.)	regl (f)	رجل
braço (m)	masnad (m)	مسند
costas (f pl)	masnad (m)	مسند
gaveta (f)	dorg (m)	درج

65. Quarto de dormir

roupa (f) de cama	bayāḍāt el serīr (pl)	بياضات السرير
almofada (f)	maχadda (f)	مخدّة
fronha (f)	kīs el maχadda (m)	كيس المخدّة
cobertor (m)	leḥāf (m)	لحاف
lençol (m)	melāya (f)	ملاية
colcha (f)	ɣaṭā' el serīr (m)	غطاء السرير

66. Cozinha

cozinha (f)	maṭbaχ (m)	مطبخ
gás (m)	ɣāz (m)	غاز
fogão (m) a gás	botoɣāz (m)	بوتوغاز
fogão (m) elétrico	forn kaharabā'y (m)	فرن كهربائي
forno (m)	forn (m)	فرن
forno (m) de micro-ondas	mikroweyv (m)	ميكروويف
frigorífico (m)	tallāga (f)	ثلاجة
congelador (m)	freyzer (m)	فريزر
máquina (f) de lavar louça	ɣassālet aṭbā' (f)	غسّالة أطباق
moedor (m) de carne	farrāmet laḥm (f)	فرّامة لحم
espremedor (m)	'aṣṣāra (f)	عصّارة
torradeira (f)	maḥmaṣet χobz (f)	محمصة خبز
batedeira (f)	χallāṭ (m)	خلّاط
máquina (f) de café	makinet ṣon' el 'ahwa (f)	ماكينة صنع القهوة
cafeteira (f)	ɣallāya kahraba'iya (f)	غلّاية القهوة
moinho (m) de café	maṭ-ḥanet 'ahwa (f)	مطحنة قهوة
chaleira (f)	ɣallāya (f)	غلّاية
bule (m)	barrād el ʃāy (m)	برّاد الشاي
tampa (f)	ɣaṭā' (m)	غطاء
coador (m) de chá	maṣfāh el ʃāy (f)	مصفاة الشاي
colher (f)	ma'la'a (f)	معلقة
colher (f) de chá	ma'la'et ʃāy (f)	معلقة شاي
colher (f) de sopa	ma'la'a kebīra (f)	ملعقة كبيرة
garfo (m)	ʃawka (f)	شوكة
faca (f)	sekkīna (f)	سكّينة
louça (f)	awāny (pl)	أواني
prato (m)	ṭaba' (m)	طبق
pires (m)	ṭaba' fengān (m)	طبق فنجان
cálice (m)	kāsa (f)	كاسة
copo (m)	kobbāya (f)	كوبّاية
chávena (f)	fengān (m)	فنجان
açucareiro (m)	sokkariya (f)	سكّريّة
saleiro (m)	mamlaḥa (f)	مملحة
pimenteiro (m)	mobhera (f)	مبهرة

manteigueira (f)	ṭaba' zebda (m)	طبق زبدة
panela, caçarola (f)	ḥalla (f)	حلّة
frigideira (f)	ṭāsa (f)	طاسة
concha (f)	maɣrafa (f)	مغرفة
passador (m)	maṣfāh (f)	مصفاه
bandeja (f)	ṣeniya (f)	صينيّة
garrafa (f)	ezāza (f)	إزازة
boião (m) de vidro	barṭamān (m)	برطمان
lata (f)	kanz (m)	كانز
abre-garrafas (m)	fattāḥa (f)	فتّاحة
abre-latas (m)	fattāḥa (f)	فتّاحة
saca-rolhas (m)	barrīma (f)	بريّمة
filtro (m)	filter (m)	فلتر
filtrar (vt)	ṣaffa	صفّى
lixo (m)	zebāla (f)	زبالة
balde (m) do lixo	ṣandū' el zebāla (m)	صندوق الزبالة

67. Casa de banho

quarto (m) de banho	ḥammām (m)	حمّام
água (f)	meyāh (f)	مياه
torneira (f)	ḥanafiya (f)	حنفيّة
água (f) quente	maya soxna (f)	مايّة سخنة
água (f) fria	maya barda (f)	مايّة باردة
pasta (f) de dentes	ma'gūn asnān (m)	معجون أسنان
escovar os dentes	naḍḍaf el asnān	نظّف الأسنان
escova (f) de dentes	forʃet senān (f)	فرشة أسنان
barbear-se (vr)	ḥala'	حلق
espuma (f) de barbear	raɣwa lel ḥelā'a (f)	رغوة للحلاقة
máquina (f) de barbear	mūs (m)	موس
lavar (vt)	ɣasal	غسل
lavar-se (vr)	estaḥamma	إستحمّى
duche (m)	doʃ (m)	دوش
tomar um duche	axad doʃ	أخد دوش
banheira (f)	banyo (m)	بانيو
sanita (f)	twalet (m)	تواليت
lavatório (m)	ḥoḍe (m)	حوض
sabonete (m)	ṣabūn (m)	صابون
saboneteira (f)	ṣabbāna (f)	صبّانة
esponja (f)	līfa (f)	ليفة
champô (m)	ʃambū (m)	شامبو
toalha (f)	fūṭa (f)	فوطة
roupão (m) de banho	robe el ḥammām (m)	روب حمّام
lavagem (f)	ɣasīl (m)	غسيل
máquina (f) de lavar	ɣassāla (f)	غسّالة

lavar a roupa	ɣasal el malābes	غسل الملابس
detergente (m)	mas-ḥūʾ ɣasīl (m)	مسحوق غسيل

68. Eletrodomésticos

televisor (m)	televizion (m)	تليفزيون
gravador (m)	gehāz tasgīl (m)	جهاز تسجيل
videogravador (m)	ʾāla tasgīl video (f)	آلة تسجيل فيديو
rádio (m)	gehāz radio (m)	جهاز راديو
leitor (m)	blayer (m)	بليير
projetor (m)	gehāz ʿarḍ (m)	جهاز عرض
cinema (m) em casa	sinema manzeliya (f)	سينما منزليّة
leitor (m) de DVD	dividī blayer (m)	دي في دي بليير
amplificador (m)	mokabbaer el ṣote (m)	مكبّر الصوت
console (f) de jogos	ʾātāry (m)	أتاري
câmara (f) de vídeo	kamera video (f)	كاميرا فيديو
máquina (f) fotográfica	kamera (f)	كاميرا
câmara (f) digital	kamera diʒital (f)	كاميرا ديجيتال
aspirador (m)	maknasa kahrabaʾiya (f)	مكنسة كهربائيّة
ferro (m) de engomar	makwa (f)	مكواة
tábua (f) de engomar	lawḥet kayī (f)	لوحة كيّ
telefone (m)	telefon (m)	تليفون
telemóvel (m)	mobile (m)	موبايل
máquina (f) de escrever	ʾāla katba (f)	آلة كاتبة
máquina (f) de costura	makanet el χeyāṭa (f)	مكنة الخياطة
microfone (m)	mikrofon (m)	ميكروفون
auscultadores (m pl)	sammaʿāt raʾsiya (pl)	سمّاعات رأسية
controlo remoto (m)	remowt kontrol (m)	ريموت كنترول
CD (m)	sidī (m)	سي دي
cassete (f)	kasett (m)	كاسيت
disco (m) de vinil	esṭewāna mūsīqa (f)	أسطوانة موسيقى

ATIVIDADES HUMANAS

Emprego. Negócios. Parte 1

69. Escritório. O trabalho no escritório

escritório (~ de advogados)	maktab (m)	مكتب
escritório (do diretor, etc.)	maktab (m)	مكتب
receção (f)	este'bāl (m)	إستقبال
secretário (m)	sekerteyr (m)	سكرتير
diretor (m)	modīr (m)	مدير
gerente (m)	modīr (m)	مدير
contabilista (m)	muḥāseb (m)	محاسب
empregado (m)	mowazzaf (m)	موظّف
mobiliário (m)	asās (m)	أثاث
mesa (f)	maktab (m)	مكتب
cadeira (f)	korsy (m)	كرسي
bloco (m) de gavetas	weḥdet adrāg (f)	وحدة أدراج
cabide (m) de pé	ʃammāʿa (f)	شمّاعة
computador (m)	kombuter (m)	كمبيوتر
impressora (f)	ṭābeʿa (f)	طابعة
fax (m)	faks (m)	فاكس
fotocopiadora (f)	'ālet nasχ (f)	آلة نسخ
papel (m)	wara' (m)	ورق
artigos (m pl) de escritório	adawāt maktabiya (pl)	أدوات مكتبية
tapete (m) de rato	maws bād (m)	ماوس باد
folha (f) de papel	wara'a (f)	ورقة
pasta (f)	malaff (m)	ملفّ
catálogo (m)	fehras (m)	فهرس
diretório (f) telefónico	dalīl el telefone (m)	دليل التليفون
documentação (f)	wasā'eq (pl)	وثائق
brochura (f)	naʃra (f)	نشرة
flyer (m)	manʃūr (m)	منشور
amostra (f)	namūzag (m)	نموذج
formação (f)	egtemāʿ tadrīb (m)	إجتماع تدريب
reunião (f)	egtemāʿ (m)	إجتماع
hora (f) de almoço	fatret el ɣada' (f)	فترة الغذاء
fazer uma cópia	ṣawwar	صوّر
tirar cópias	ṣawwar	صوّر
receber um fax	estalam faks	إستلم فاكس
enviar um fax	baʿat faks	بعت فاكس
fazer uma chamada	ettaṣal	إتّصل

responder (vt)	gāwab	جاوب
passar (vt)	waṣṣal	وصّل
marcar (vt)	ḥadded	حدّد
demonstrar (vt)	ʿaraḍ	عرض
estar ausente	ɣāb	غاب
ausência (f)	ɣeyāb (m)	غياب

70. Processos negociais. Parte 1

ocupação (f)	ʃoɣl (m)	شغل
firma, empresa (f)	ʃerka (f)	شركة
companhia (f)	ʃerka (f)	شركة
corporação (f)	moʾassasa tegariya (f)	مؤسسة تجارية
empresa (f)	ʃerka (f)	شركة
agência (f)	wekāla (f)	وكالة
acordo (documento)	ettefaqiya (f)	إتّفاقية
contrato (m)	ʿaʾd (m)	عقد
acordo (transação)	ṣafqa (f)	صفقة
encomenda (f)	ṭalab (m)	طلب
cláusulas (f pl), termos (m pl)	ʃorūṭ (pl)	شروط
por grosso (adv)	bel gomla	بالجملة
por grosso (adj)	el gomla	الجملة
venda (f) por grosso	beyʿ bel gomla (m)	بيع بالجملة
a retalho	yebeeʿ bel tagzeʾa	يبيع بالتجزئة
venda (f) a retalho	maḥal yebeeʿ bel tagzeʾa (m)	محل يبيع بالتجزئة
concorrente (m)	monāfes (m)	منافس
concorrência (f)	monafsa (f)	منافسة
competir (vi)	nāfes	نافس
sócio (m)	ʃerīk (m)	شريك
parceria (f)	ʃarāka (f)	شراكة
crise (f)	azma (f)	أزمة
bancarrota (f)	eflās (m)	إفلاس
entrar em falência	falles	فلّس
dificuldade (f)	ṣoʿūba (f)	صعوبة
problema (m)	moʃkela (f)	مشكلة
catástrofe (f)	karsa (f)	كارثة
economia (f)	eqtiṣād (m)	إقتصاد
económico	eqteṣādy	إقتصادي
recessão (f) económica	rokūd eqteṣādy (m)	ركود إقتصادي
objetivo (m)	hadaf (m)	هدف
tarefa (f)	mohemma (f)	مهمّة
comerciar (vi, vt)	tāger	تاجر
rede (de distribuição)	ʃabaka (f)	شبكة
estoque (m)	el maχzūn (m)	المخزون
sortimento (m)	taʃkīla (f)	تشكيلة

líder (m)	qā'ed (m)	قائد
grande (~ empresa)	kebīr	كبير
monopólio (m)	eḥtekār (m)	إحتكار
teoria (f)	naẓariya (f)	نظريّة
prática (f)	momarsa (f)	ممارسة
experiência (falar por ~)	χebra (f)	خبرة
tendência (f)	ettegāh (m)	إتّجاه
desenvolvimento (m)	tanmeya (f)	تنمية

71. Processos negociais. Parte 2

rentabilidade (f)	rebḥ (m)	ربح
rentável	morbeḥ	مربح
delegação (f)	wafd (m)	وفد
salário, ordenado (m)	morattab (m)	مرتّب
corrigir (um erro)	ṣaḥḥaḥ	صحّح
viagem (f) de negócios	reḥlet 'amal (f)	رحلة عمل
comissão (f)	lagna (f)	لجنة
controlar (vt)	et-ḥakkem	إتحكّم
conferência (f)	mo'tamar (m)	مؤتمر
licença (f)	roχṣa (f)	رخصة
confiável	mawsūq	موثوق
empreendimento (m)	mobadra (f)	مبادرة
norma (f)	me'yār (m)	معيار
circunstância (f)	ẓarf (m)	ظرف
dever (m)	wāgeb (m)	واجب
empresa (f)	monaẓẓama (f)	منظّمة
organização (f)	tanẓīm (m)	تنظيم
organizado	monaẓẓam	منظّم
anulação (f)	elɣā' (m)	إلغاء
anular, cancelar (vt)	alɣa	ألغى
relatório (m)	ta'rīr (m)	تقرير
patente (f)	bara'et el eχterā' (f)	براءة الإختراع
patentear (vt)	saggel barā'et eχterā'	سجّل براءة الإختراع
planear (vt)	χaṭṭeṭ	خطّط
prémio (m)	'alāwa (f)	علاوة
profissional	mehany	مهني
procedimento (m)	egrā' (m)	إجراء
examinar (a questão)	baḥs fi	بحث في
cálculo (m)	ḥesāb (m)	حساب
reputação (f)	som'a (f)	سمعة
risco (m)	moχaṭra (f)	مخاطرة
dirigir (~ uma empresa)	adār	أدار
informação (f)	ma'lumāt (pl)	معلومات
propriedade (f)	melkiya (f)	ملكيّة

união (f)	etteḥād (m)	إتّحاد
seguro (m) de vida	ta'mīn 'alal ḥayah (m)	تأمين على الحياة
fazer um seguro	ammen	أمّن
seguro (m)	ta'mīn (m)	تأمين
leilão (m)	mazād (m)	مزاد
notificar (vt)	ballaɣ	بلّغ
gestão (f)	edāra (f)	إدارة
serviço (indústria de ~s)	χadma (f)	خدمة
fórum (m)	nadwa (f)	ندوة
funcionar (vi)	adda waẓīfa	أدّى وظيفة
estágio (m)	marḥala (f)	مرحلة
jurídico	qanūniya	قانونية
jurista (m)	muḥāmy (m)	محامي

72. Produção. Trabalhos

usina (f)	maṣna' (m)	مصنع
fábrica (f)	maṣna' (m)	مصنع
oficina (f)	warʃa (f)	ورشة
local (m) de produção	maṣna' (m)	مصنع
indústria (f)	ṣenā'a (f)	صناعة
industrial	ṣenā'y	صناعي
indústria (f) pesada	ṣenā'a te'īla (f)	صناعة ثقيلة
indústria (f) ligeira	ṣenā'a χafīfa (f)	صناعة خفيفة
produção (f)	montagāt (pl)	منتجات
produzir (vt)	antag	أنتج
matérias-primas (f pl)	mawād χām (pl)	مواد خام
chefe (m) de brigada	ra'īs el 'ommāl (m)	رئيس العمّال
brigada (f)	farī' el 'ommāl (m)	فريق العمّال
operário (m)	'āmel (m)	عامل
dia (m) de trabalho	yome 'amal (m)	يوم عمل
pausa (f)	rāḥa (f)	راحة
reunião (f)	egtemā' (m)	إجتماع
discutir (vt)	nā'eʃ	ناقش
plano (m)	χeṭṭa (f)	خطّة
cumprir o plano	naffez el χeṭṭa	نفّذ الخطّة
taxa (f) de produção	mo'addal el entāg (m)	معدّل الإنتاج
qualidade (f)	gawda (f)	جودة
controlo (m)	taftīʃ (m)	تفتيش
controlo (m) da qualidade	ḍabṭ el gawda (m)	ضبط الجودة
segurança (f) no trabalho	salāmet makān el 'amal (f)	سلامة مكان العمل
disciplina (f)	enḍebāṭ (m)	إنضباط
infração (f)	moχalfa (f)	مخالفة
violar (as regras)	χālef	خالف
greve (f)	eḍrāb (m)	إضراب
grevista (m)	moḍrab (m)	مضرب

estar em greve	aḍrab	أضرب
sindicato (m)	etteḥād el ʿomāl (m)	إتّحاد العمال
inventar (vt)	eχtaraʿ	إخترع
invenção (f)	eχterāʿ (m)	إختراع
pesquisa (f)	baḥs (m)	بحث
melhorar (vt)	ḥassen	حسّن
tecnologia (f)	teknoloʒia (f)	تكنولوجيا
desenho (m) técnico	rasm teqany (m)	رسم تقني
carga (f)	ʃaḥn (m)	شحن
carregador (m)	ʃayāl (m)	شيّال
carregar (vt)	ʃaḥn	شحن
carregamento (m)	taḥmīl (m)	تحميل
descarregar (vt)	farraɣ	فرّغ
descarga (f)	tafrīɣ (m)	تفريغ
transporte (m)	wasāʾel el naʾl (pl)	وسائل النقل
companhia (f) de transporte	ʃerket naʾl (f)	شركة نقل
transportar (vt)	naʾal	نقل
vagão (m) de carga	ʿarabet ʃaḥn (f)	عربة شحن
cisterna (f)	χazzān (m)	خزّان
camião (m)	ʃāḥena (f)	شاحنة
máquina-ferramenta (f)	makana (f)	مكنة
mecanismo (m)	ʾāliya (f)	آليّة
resíduos (m pl) industriais	moχallafāt ṣenaʿiya (pl)	مخلفات صناعية
embalagem (f)	taʿbeʾa (f)	تعبئة
embalar (vt)	ʿabba	عبّأ

73. Contrato. Acordo

contrato (m)	ʿaʾd (m)	عقد
acordo (m)	ettefāʾ (m)	إتّفاق
adenda (f), anexo (m)	molḥaʾ (m)	ملحق
assinar o contrato	waqqaʿ ʿala ʿaʾd	وقّع على عقد
assinatura (f)	tawqeeʿ (m)	توقيع
assinar (vt)	waqqaʿ	وقّع
carimbo (m)	χetm (m)	ختم
objeto (m) do contrato	mawḍūʿ el ʿaʾd (m)	موضوع العقد
cláusula (f)	band (m)	بند
partes (f pl)	aṭrāf (pl)	أطراف
morada (f) jurídica	ʿenwān qanūny (m)	عنوان قانوني
violar o contrato	χālef el ʿaʾd	خالف العقد
obrigação (f)	eltezām (m)	إلتزام
responsabilidade (f)	masʾoliya (f)	مسؤوليّة
força (f) maior	ʾowwa qāhera (m)	قوّة قاهرة
litígio (m), disputa (f)	χelāf (m)	خلاف
multas (f pl)	ʿoqobāt (pl)	عقوبات

74. Importação & Exportação

importação (f)	esterād (m)	إستيراد
importador (m)	mostawred (m)	مستورّد
importar (vt)	estawrad	إستورّد
de importação	wāred	وارد
exportação (f)	taṣdīr (m)	تصدير
exportador (m)	moṣadder (m)	مصدّر
exportar (vt)	ṣaddar	صدّر
de exportação	sādir	صادر
mercadoria (f)	baḍā'e' (pl)	بضائع
lote (de mercadorias)	ʃoḥna (f)	شحنة
peso (m)	wazn (m)	وزن
volume (m)	ḥagm (m)	حجم
metro (m) cúbico	metr moka''ab (m)	متر مكعّب
produtor (m)	el ʃerka el moṣanne'a (f)	الشركة المصنّعة
companhia (f) de transporte	ʃerket na'l (f)	شركة نقل
contentor (m)	ḥāweya (f)	حاوية
fronteira (f)	ḥadd (m)	حدّ
alfândega (f)	gamārek (pl)	جمارك
taxa (f) alfandegária	rasm gomroky (m)	رسم جمركي
funcionário (m) da alfândega	mowazzaf el gamārek (m)	موظّف الجمارك
contrabando (atividade)	tahrīb (m)	تهريب
contrabando (produtos)	beḍā'a moharraba (pl)	بضاعة مهربة

75. Finanças

ação (f)	sahm (m)	سهم
obrigação (f)	sanad (m)	سند
nota (f) promissória	kembyāla (f)	كمبيالة
bolsa (f)	borṣa (f)	بورصة
cotação (m) das ações	se'r el sahm (m)	سعر السهم
tornar-se mais barato	reχeṣ	رخص
tornar-se mais caro	ʃely	غلي
parte (f)	naṣīb (m)	نصيب
participação (f) maioritária	el magmū'a el mosayṭara (f)	المجموعة المسيطرة
investimento (m)	estesmār (pl)	إستثمار
investir (vt)	estasmar	إستثمر
percentagem (f)	bel me'a - bel miya	بالمئة
juros (m pl)	fayda (f)	فائدة
lucro (m)	rebḥ (m)	ربح
lucrativo	morbeḥ	مربح
imposto (m)	ḍarība (f)	ضريبة
divisa (f)	'omla (f)	عملة

nacional	waṭany	وطني
câmbio (m)	taḥwīl (m)	تحويل
contabilista (m)	muḥāseb (m)	محاسب
contabilidade (f)	maḥasba (f)	محاسبة
bancarrota (f)	eflās (m)	إفلاس
falência (f)	enheyār (m)	إنهيار
ruína (f)	eflās (m)	إفلاس
arruinar-se (vr)	falles	فلّس
inflação (f)	taḍakҳom māly (m)	تضخّم مالي
desvalorização (f)	taҳfīḍ qīmet ʿomla (m)	تخفيض قيمة عملة
capital (m)	ra'ʾs māl (m)	رأس مال
rendimento (m)	daҳl (m)	دخل
volume (m) de negócios	dawret ra'ʾs el māl (f)	دورة رأس المال
recursos (m pl)	mawāred (pl)	موارد
recursos (m pl) financeiros	el mawāred el naqdiya (pl)	الموارد النقديّة
despesas (f pl) gerais	nafa'ʾāt ʿāmma (pl)	نفقات عامّة
reduzir (vt)	ҳaffaḍ	خفّض

76. Marketing

marketing (m)	taswīʾ (m)	تسويق
mercado (m)	sūʾ (f)	سوق
segmento (m) do mercado	qaṭāʿ el sūʾ (m)	قطاع السوق
produto (m)	montag (m)	منتج
mercadoria (f)	baḍāʾeʿ (pl)	بضائع
marca (f)	mārka (f)	ماركة
marca (f) comercial	marka tegāriya (f)	ماركة تجاريّة
logotipo (m)	ʃeʿār (m)	شعار
logo (m)	ʃeʿār (m)	شعار
demanda (f)	ṭalab (m)	طلب
oferta (f)	mUʿİddāt (pl)	معدّات
necessidade (f)	ḥāga (f)	حاجة
consumidor (m)	mostahlek (m)	مستهلك
análise (f)	taḥlīl (m)	تحليل
analisar (vt)	ḥallel	حلّل
posicionamento (m)	waḍʿ (m)	وضع
posicionar (vt)	waḍaʿ	وضع
preço (m)	seʿr (m)	سعر
política (f) de preços	seyāset el asʿār (f)	سياسة الأسعار
formação (f) de preços	taʃkīl el asʿār (m)	تشكيل الأسعار

77. Publicidade

publicidade (f)	eʿlān (m)	إعلان
publicitar (vt)	aʿlan	أعلن

orçamento (m)	mezaniya (f)	ميزانية
anúncio (m) publicitário	eʿlān (m)	إعلان
publicidade (f) televisiva	eʿlān fel televiziōn (m)	إعلان في التليفزيون
publicidade (f) na rádio	eʿlān fel radio (m)	إعلان في الراديو
publicidade (f) exterior	eʿlān zahery (m)	إعلان ظاهري
comunicação (f) de massa	wasā'el el eʿlām (pl)	وسائل الإعلام
periódico (m)	magalla dawriya (f)	مجلّة دوريّة
imagem (f)	imyʒ (m)	إيميج
slogan (m)	ʃeʿār (m)	شعار
mote (m), divisa (f)	ʃeʿār (m)	شعار
campanha (f)	ḥamla (f)	حملة
companha (f) publicitária	ḥamla eʿlaniya (f)	حملة إعلانيّة
grupo (m) alvo	magmūʿa mostahdafa (f)	مجموعة مستهدفة
cartão (m) de visita	kart el ʿamal (m)	كارت العمل
flyer (m)	manʃūr (m)	منشور
brochura (f)	naʃra (f)	نشرة
folheto (m)	kotayeb (m)	كتيّب
boletim (~ informativo)	naʃra eχbariya (f)	نشرة إخبارية
letreiro (m)	yafṭa, lāfeta (f)	لافتة, يافطة
cartaz, póster (m)	boster (m)	بوستر
painel (m) publicitário	lawḥet eʿlanāt (f)	لوحة إعلانات

78. Banca

banco (m)	bank (m)	بنك
sucursal, balcão (f)	farʿ (m)	فرع
consultor (m)	mowazzaf bank (m)	موظّف بنك
gerente (m)	modīr (m)	مدير
conta (f)	ḥesāb bank (m)	حساب بنك
número (m) da conta	raqam el ḥesāb (m)	رقم الحساب
conta (f) corrente	ḥesāb gāry (m)	حساب جاري
conta (f) poupança	ḥesāb tawfīr (m)	حساب توّفير
abrir uma conta	fataḥ ḥesāb	فتح حساب
fechar uma conta	'afal ḥesāb	قفل حساب
depositar na conta	awdaʿ fel ḥesāb	أودع في الحساب
levantar (vt)	saḥab men el ḥesāb	سحب من الحساب
depósito (m)	wadeeʿa (f)	وديعة
fazer um depósito	awdaʿ	أودع
transferência (f) bancária	ḥewāla maṣrefiya (f)	حوالة مصرفيّة
transferir (vt)	ḥawwel	حوّل
soma (f)	mablaɣ (m)	مبلغ
Quanto?	kām?	كام؟
assinatura (f)	tawqeeʿ (m)	توقيع
assinar (vt)	waqqaʿ	وقّع

cartão (m) de crédito	kredit kard (f)	كريدت كارد
código (m)	kōd (m)	كود
número (m) do cartão de crédito	raqam el kredit kard (m)	رقم الكريدت كارد
Caixa Multibanco (m)	makinet ṣarrāf 'āly (f)	ماكينة صرّاف آلي
cheque (m)	ʃīk (m)	شيك
passar um cheque	katab ʃīk	كتب شيك
livro (m) de cheques	daftar ʃikāt (m)	دفتر شيكات
empréstimo (m)	qarḍ (m)	قرض
pedir um empréstimo	'addem ṭalab 'ala qarḍ	قدّم طلب على قرض
obter um empréstimo	ḥaṣal 'ala qarḍ	حصل على قرض
conceder um empréstimo	edda qarḍ	ادّى قرض
garantia (f)	ḍamān (m)	ضمان

79. Telefone. Conversação telefónica

telefone (m)	telefon (m)	تليفون
telemóvel (m)	mobile (m)	موبايل
secretária (f) electrónica	gehāz radd 'alal mokalmāt (m)	جهاز ردّ على المكالمات
fazer uma chamada	ettaṣal	إتّصل
chamada (f)	mokalma telefoniya (f)	مكالمة تليفونية
marcar um número	ettaṣal be raqam	إتّصل برقم
Alô!	alo!	ألو!
perguntar (vt)	sa'al	سأل
responder (vt)	radd	ردّ
ouvir (vt)	seme'	سمع
bem	kewayes	كويّس
mal	meʃ kowayīs	مش كويّس
ruído (m)	taʃwīʃ (m)	تشويش
auscultador (m)	sammā'a (f)	سمّاعة
pegar o telefone	rafa' el sammā'a	رفع السمّاعة
desligar (vi)	'afal el sammā'a	قفل السمّاعة
ocupado	maʃɣūl	مشغول
tocar (vi)	rann	رنّ
lista (f) telefónica	dalīl el telefone (m)	دليل التليفون
local	maḥalliyya	ة محلّيّ
chamada (f) local	mokalma maḥalliya (f)	مكالمة محلّيّة
de longa distância	bi'īd	بعيد
chamada (f) de longa distância	mokalma bi'īda (f)	مكالمة بعيدة المدى
internacional	dowly	دولي
chamada (f) internacional	mokalma dowliya (f)	مكالمة دوليّة

80. Telefone móvel

telemóvel (m)	mobile (m)	موبايل
ecrã (m)	ʿarḍ (m)	عرض
botão (m)	zerr (m)	زرّ
cartão SIM (m)	sim kard (m)	سيم كارد
bateria (f)	baṭṭariya (f)	بطّاريّة
descarregar-se	χelṣet	خلصت
carregador (m)	ʃāḥen (m)	شاحن
menu (m)	qāʾema (f)	قائمة
definições (f pl)	awḍāʿ (pl)	أوضاع
melodia (f)	naɣama (f)	نغمة
escolher (vt)	eχtār	إختار
calculadora (f)	ʾāla ḥasba (f)	آلة حاسبة
correio (m) de voz	barīd ṣawty (m)	بريد صوتي
despertador (m)	monabbeh (m)	منبّه
contatos (m pl)	gehāt el etteṣāl (pl)	جهات الإتّصال
mensagem (f) de texto	resāla ʾaṣīra ɛsɛmɛs (f)	رسالة قصيرة sms
assinante (m)	moʃtarek (m)	مشترك

81. Estacionário

caneta (f)	ʾalam gāf (m)	قلم جاف
caneta (f) tinteiro	ʾalam rīʃa (m)	قلم ريشة
lápis (m)	ʾalam roṣāṣ (m)	قلم رصاص
marcador (m)	markar (m)	ماركر
caneta (f) de feltro	ʾalam fulumaster (m)	قلم فلوماستر
bloco (m) de notas	mozakkera (f)	مذكّرة
agenda (f)	gadwal el aʿmāl (m)	جدول الأعمال
régua (f)	masṭara (f)	مسطرة
calculadora (f)	ʾāla ḥasba (f)	آلة حاسبة
borracha (f)	astīka (f)	استيكة
pionés (m)	dabbūs (m)	دبّوس
clipe (m)	dabbūs waraʾ (m)	دبّوس ورق
cola (f)	ṣamɣ (m)	صمغ
agrafador (m)	dabbāsa (f)	دبّاسة
furador (m)	χarrāma (m)	خرّامة
afia-lápis (m)	barrāya (f)	برّاية

82. Tipos de negócios

serviços (m pl) de contabilidade	χedamāt moḥasba (pl)	خدمات محاسبة
publicidade (f)	eʿlān (m)	إعلان

agência (f) de publicidade	wekālet e'lān (f)	وكالة إعلان
ar (m) condicionado	takyīf (m)	تكييف
companhia (f) aérea	ʃerket ṭayarān (f)	شركة طيران
bebidas (f pl) alcoólicas	maʃrūbāt koḥūliya (pl)	مشروبات كحوليّة
comércio (m) de antiguidades	toḥaf (pl)	تحف
galeria (f) de arte	ma'raḍ fanny (m)	معرض فنّي
serviços (m pl) de auditoria	χedamāt faḥṣ el ḥesābāt (pl)	خدمات فحص الحسابات
negócios (m pl) bancários	el qeṭā' el maṣrefy (m)	القطاع المصرفي
bar (m)	bār (m)	بار
salão (m) de beleza	ṣalone tagmīl (m)	صالون تجميل
livraria (f)	maḥal kotob (m)	محل كتب
cervejaria (f)	maṣna' bīra (m)	مصنع بيرة
centro (m) de escritórios	markaz tegāry (m)	مركز تجاري
escola (f) de negócios	kolliyet edāret el a'māl (f)	كليّة إدارة الأعمال
casino (m)	kazino (m)	كازينو
construção (f)	benā' (m)	بناء
serviços (m pl) de consultoria	esteʃāra (f)	إستشارة
estomatologia (f)	'eyādet asnān (f)	عيادة أسنان
design (m)	taṣmīm (m)	تصميم
farmácia (f)	ṣaydaliya (f)	صيدليّة
lavandaria (f)	dray klīn (m)	دراي كلين
agência (f) de emprego	wekālet tawẓīf (f)	وكالة توّظيف
serviços (m pl) financeiros	χedamāt māliya (pl)	خدمات ماليّة
alimentos (m pl)	akl (m)	أكل
agência (f) funerária	maktab mota'ahhed el dafn (m)	مكتب متعهّد الدفن
mobiliário (m)	asās (m)	أثاث
roupa (f)	malābes (pl)	ملابس
hotel (m)	fondo' (m)	فندق
gelado (m)	'ays krīm (m)	آيس كريم
indústria (f)	ṣenā'a (f)	صناعة
seguro (m)	ta'mīn (m)	تأمين
internet (f)	internet (m)	إنترنت
investimento (m)	estesmarāt (pl)	إستثمارات
joalheiro (m)	ṣā'eɣ (m)	صائغ
joias (f pl)	mogawharāt (pl)	مجوهرات
lavandaria (f)	maɣsala (f)	مغسلة
serviços (m pl) jurídicos	χedamāt qanūniya (pl)	خدمات قانونيّة
indústria (f) ligeira	ṣenā'a χafīfa (f)	صناعة خفيفة
revista (f)	magalla (f)	مجلّة
vendas (f pl) por catálogo	bey' be neẓām el barīd (m)	بيع بنظام البريد
medicina (f)	ṭebb (m)	طبّ
cinema (m)	sinema (f)	سينما
museu (m)	mat-ḥaf (m)	متحف
agência (f) de notícias	wekāla eχbariya (f)	وكالة إخبارية
jornal (m)	garīda (f)	جريدة
clube (m) noturno	malha leyly (m)	ملهى ليّلي

petróleo (m)	naft (m)	نفط
serviço (m) de encomendas	χedamāt el ʃaḥn (pl)	خدمات الشحن
indústria (f) farmacêutica	ṣaydala (f)	صيدلة
poligrafia (f)	ṭebāʿa (f)	طباعة
editora (f)	dar el ṭebāʿa wel naʃr (f)	دار الطباعة والنشر
rádio (m)	radio (m)	راديو
imobiliário (m)	ʿeqarāt (pl)	عقارات
restaurante (m)	maṭʿam (m)	مطعم
empresa (f) de segurança	ʃerket amn (f)	شركة أمن
desporto (m)	reyāḍa (f)	رياضة
bolsa (f)	borṣa (f)	بورصة
loja (f)	maḥal (m)	محل
supermercado (m)	subermarket (m)	سوبرماركت
piscina (f)	ḥammām sebāḥa (m)	حمّام سباحة
alfaiataria (f)	maḥal χeyāṭa (m)	محل خياطة
televisão (f)	televizion (m)	تليفزيون
teatro (m)	masraḥ (m)	مسرح
comércio (atividade)	tegāra (f)	تجارة
serviços (m pl) de transporte	wasāʾel el naʾl (pl)	وسائل النقل
viagens (f pl)	safar (m)	سفر
veterinário (m)	doktore beṭary (m)	دكتور بيطري
armazém (m)	mostawdaʿ (m)	مستودّع
recolha (f) do lixo	gamaʿ el nefayāt (m)	جمع النفايات

Emprego. Negócios. Parte 2

83. Espetáculo. Feira

feira (f)	maʿraḍ (m)	معرض
feira (f) comercial	maʿraḍ tegāry (m)	معرض تجاري
participação (f)	eʃterāk (m)	إشتراك
participar (vi)	ʃārek	شارك
participante (m)	moʃtarek (m)	مشترك
diretor (m)	modīr (m)	مدير
direção (f)	maktab el monaẓẓemīn (m)	مكتب المنظّمين
organizador (m)	monazzem (m)	منظّم
organizar (vt)	nazzam	نظّم
ficha (f) de inscrição	estemāret el eʃterak (f)	إستمارة الإشتراك
preencher (vt)	mala	ملأ
detalhes (m pl)	tafaṣīl (pl)	تفاصيل
informação (f)	esteʿlamāt (pl)	إستعلامات
preço (m)	seʿr (m)	سعر
incluindo	bema feyh	بما فيه
incluir (vt)	taḍamman	تضمّن
pagar (vt)	dafaʿ	دفع
taxa (f) de inscrição	rosūm el tasgīl (pl)	رسوم التسجيل
entrada (f)	madχal (m)	مدخل
pavilhão (m)	genāḥ (m)	جناح
inscrever (vt)	saggel	سجّل
crachá (m)	ʃāra (f)	شارة
stand (m)	koʃk (m)	كشك
reservar (vt)	ḥagaz	حجز
vitrina (f)	vatrīna (f)	فترينة
foco, spot (m)	kasʃāf el nūr (m)	كشّاف النور
design (m)	taṣmīm (m)	تصميم
pôr, colocar (vt)	ḥaṭṭ	حطّ
distribuidor (m)	mowazzeʿ (m)	موزّع
fornecedor (m)	mowarred (m)	مورّد
país (m)	balad (m)	بلد
estrangeiro	agnaby	أجنبي
produto (m)	montag (m)	منتج
associação (f)	gamʿiya (f)	جمعيّة
sala (f) de conferências	qāʿet el moʿtamarāt (f)	قاعة المؤتمرات
congresso (m)	moʾtamar (m)	مؤتمر

concurso (m)	mosab'a (f)	مسابقة
visitante (m)	zā'er (m)	زائر
visitar (vt)	ḥaḍar	حضر
cliente (m)	zobūn (m)	زبون

84. Ciência. Investigação. Cientistas

ciência (f)	'elm (m)	علم
científico	'elmy	علمي
cientista (m)	'ālem (m)	عالم
teoria (f)	naẓariya (f)	نظريّة
axioma (m)	badīhiya (f)	بديهيّة
análise (f)	taḥlīl (m)	تحليل
analisar (vt)	ḥallel	حلّل
argumento (m)	borhān (m)	برهان
substância (f)	madda (f)	مادّة
hipótese (f)	faraḍiya (f)	فرضيّة
dilema (m)	mo'ḍela (f)	معضلة
tese (f)	resāla 'elmiya (f)	رسالة علميّة
dogma (m)	'aqīda (f)	عقيدة
doutrina (f)	mazhab (m)	مذهب
pesquisa (f)	baḥs (m)	بحث
pesquisar (vt)	baḥs	بحث
teste (m)	eχtebārāt (pl)	إختبارات
laboratório (m)	moχtabar (m)	مختبر
método (m)	manhag (m)	منهج
molécula (f)	gozaye' (m)	جزيء
monitoramento (m)	reqāba (f)	رقابة
descoberta (f)	ekteʃāf (m)	إكتشاف
postulado (m)	mosallama (f)	مسلّمة
princípio (m)	mabda' (m)	مبدأ
prognóstico (previsão)	tanabbo' (m)	تنبّؤ
prognosticar (vt)	tanabba'	تنبّأ
síntese (f)	tarkīb (m)	تركيب
tendência (f)	ettegāh (m)	إتّجاه
teorema (m)	naẓariya (f)	نظريّة
ensinamentos (m pl)	ta'alīm (pl)	تعاليم
facto (m)	ḥa'ī'a (f)	حقيقة
expedição (f)	be'sa (f)	بعثة
experiência (f)	tagreba (f)	تجربة
académico (m)	akadīmy (m)	أكاديمي
bacharel (m)	bakaleryūs (m)	بكالوريوس
doutor (m)	doktore (m)	دكتور
docente (m)	ostāz moʃārek (m)	أستاذ مشارك
mestre (m)	maʒestīr (m)	ماجستير
professor (m) catedrático	brofessor (m)	بروفيسور

Profissões e ocupações

85. Procura de emprego. Demissão

trabalho (m)	ʿamal (m)	عمل
equipa (f)	kawādir (pl)	كوادر
pessoal (m)	ṭāqem el ʿāmelīn (m)	طاقم العاملين
carreira (f)	mehna (f)	مهنة
perspetivas (f pl)	ʾāfāq (pl)	آفاق
mestria (f)	maharāt (pl)	مهارات
seleção (f)	exteyār (m)	إختيار
agência (f) de emprego	wekālet tawẓīf (f)	وكالة توّظيف
CV, currículo (m)	sīra zātiya (f)	سيرة ذاتيّة
entrevista (f) de emprego	moʾablet ʿamal (f)	مقابلة عمل
vaga (f)	wazīfa xaleya (f)	وظيفة خالية
salário (m)	morattab (m)	مرتّب
salário (m) fixo	rāteb sābet (m)	راتب ثابت
pagamento (m)	ogra (f)	أجرة
posto (m)	manṣeb (m)	منصب
dever (do empregado)	wāgeb (m)	واجب
gama (f) de deveres	magmūʿa men el wāgebāt (f)	مجموعة من الواجبات
ocupado	maʃɣūl	مشغول
despedir, demitir (vt)	rafad	رفد
demissão (f)	eqāla (m)	إقالة
desemprego (m)	baṭāla (f)	بطالة
desempregado (m)	ʿāṭel (m)	عاطل
reforma (f)	maʿāʃ (m)	معاش
reformar-se	oḥīl ʿala el maʿāʃ	أحيل على المعاش

86. Gente de negócios

diretor (m)	modīr (m)	مدير
gerente (m)	modīr (m)	مدير
patrão, chefe (m)	raʾīs (m)	رئيس
superior (m)	motafawweq (m)	متفوّق
superiores (m pl)	roʾasāʾ (pl)	رؤساء
presidente (m)	raʾīs (m)	رئيس
presidente (m) de direção	raʾīs (m)	رئيس
substituto (m)	nāʾeb (m)	نائب
assistente (m)	mosāʿed (m)	مساعد

secretário (m)	sekerteyr (m)	سكرتير
secretário (m) pessoal	sekerteyr χāṣ (m)	سكرتير خاص
homem (m) de negócios	ragol a'māl (m)	رجل أعمال
empresário (m)	rā'ed a'māl (m)	رائد أعمال
fundador (m)	mo'asses (m)	مؤسّس
fundar (vt)	asses	أسّس
fundador, sócio (m)	mo'asses (m)	مؤسّس
parceiro, sócio (m)	ʃerīk (m)	شريك
acionista (m)	mālek el as-hom (m)	مالك الأسهم
milionário (m)	millyonīr (m)	مليونير
bilionário (m)	milliardīr (m)	ملياردير
proprietário (m)	ṣāḥeb (m)	صاحب
proprietário (m) de terras	ṣāḥeb el arḍ (m)	صاحب الأرض
cliente (m)	'amīl (m)	عميل
cliente (m) habitual	'amīl dā'em (m)	عميل دائم
comprador (m)	moʃtary (m)	مشتري
visitante (m)	zā'er (m)	زائر
profissional (m)	moḥtaref (m)	محترف
perito (m)	χabīr (m)	خبير
especialista (m)	motaχaṣṣeṣ (m)	متخصّص
banqueiro (m)	ṣāḥeb maṣraf (m)	صاحب مصرف
corretor (m)	semsār (m)	سمسار
caixa (m, f)	'āmel kaʃier (m)	عامل كاشيير
contabilista (m)	muḥāseb (m)	محاسب
guarda (m)	ḥāres amn (m)	حارس أمن
investidor (m)	mostasmer (m)	مستثمر
devedor (m)	modīn (m)	مدين
credor (m)	dā'en (m)	دائن
mutuário (m)	moqtareḍ (m)	مقترض
importador (m)	mostawred (m)	مستورّد
exportador (m)	moṣadder (m)	مصدّر
produtor (m)	el ʃerka el moṣanne'a (f)	الشركة المصنّعة
distribuidor (m)	mowazze' (m)	موزّع
intermediário (m)	wasīṭ (m)	وسيط
consultor (m)	mostaʃār (m)	مستشار
representante (m)	mandūb mabi'āt (m)	مندوب مبيعات
agente (m)	wakīl (m)	وكيل
agente (m) de seguros	wakīl el ta'mīn (m)	وكيل التأمين

87. Profissões de serviços

cozinheiro (m)	ṭabbāχ (m)	طبّاخ
cozinheiro chefe (m)	el ʃeyf (m)	الشيف

padeiro (m)	χabbāz (m)	خبّاز
barman (m)	bārman (m)	بارمان
empregado (m) de mesa	garsone (m)	جرسون
empregada (f) de mesa	garsona (f)	جرسونة
advogado (m)	muḥāmy (m)	محامي
jurista (m)	muḥāmy χabīr qanūny (m)	محامي خبير قانوني
notário (m)	mowassaq (m)	موثّق
eletricista (m)	kahrabā'y (m)	كهربائي
canalizador (m)	samkary (m)	سمكري
carpinteiro (m)	naggār (m)	نجّار
massagista (m)	modallek (m)	مدلّك
massagista (f)	modalleka (f)	مدلّكة
médico (m)	doktore (m)	دكتور
taxista (m)	sawwā' taksi (m)	سوّاق تاكسي
condutor (automobilista)	sawwā' (m)	سوّاق
entregador (m)	rāgel el delivery (m)	راجل الديلفري
camareira (f)	'āmela tandīf χoraf (f)	عاملة تنظيف غرف
guarda (m)	ḥāres amn (m)	حارس أمن
hospedeira (f) de bordo	moḍīfet ṭayarān (f)	مضيفة طيران
professor (m)	modarres madrasa (m)	مدرّس مدرسة
bibliotecário (m)	amīn maktaba (m)	أمين مكتبة
tradutor (m)	motargem (m)	مترجم
intérprete (m)	motargem fawwry (m)	مترجم فوّري
guia (pessoa)	morʃed (m)	مرشد
cabeleireiro (m)	ḥallā' (m)	حلّاق
carteiro (m)	sā'y el barīd (m)	ساعي البريد
vendedor (m)	bayā' (m)	بيّاع
jardineiro (m)	bostāny (m)	بستاني
criado (m)	χādema (m)	خادمة
criada (f)	χadema (f)	خادمة
empregada (f) de limpeza	'āmela tandīf (f)	عاملة تنظيف

88. Profissões militares e postos

soldado (m) raso	gondy (m)	جنّدي
sargento (m)	raqīb tāny (m)	رقيب تاني
tenente (m)	molāzem tāny (m)	ملازم تاني
capitão (m)	naqīb (m)	نقيب
major (m)	rā'ed (m)	رائد
coronel (m)	'aqīd (m)	عقيد
general (m)	ʒenerāl (m)	جنرال
marechal (m)	marʃāl (m)	مارشال
almirante (m)	amerāl (m)	أميرال
militar (m)	'askary (m)	عسكري
soldado (m)	gondy (m)	جنّدي

oficial (m)	ḍābeṭ (m)	ضابط
comandante (m)	qā'ed (m)	قائد
guarda (m) fronteiriço	ḥaras ḥodūd (m)	حرس حدود
operador (m) de rádio	'āmel lāselky (m)	عامل لاسلكي
explorador (m)	rā'ed mostakʃef (m)	رائد مستكشف
sapador (m)	mohandes 'askary (m)	مهندس عسكري
atirador (m)	rāmy (m)	رامي
navegador (m)	mallāḥ (m)	ملاّح

89. Oficiais. Padres

rei (m)	malek (m)	ملك
rainha (f)	maleka (f)	ملكة
príncipe (m)	amīr (m)	أمير
princesa (f)	amīra (f)	أميرة
czar (m)	qayṣar (m)	قيصر
czarina (f)	qayṣara (f)	قيصرة
presidente (m)	ra'īs (m)	رئيس
ministro (m)	wazīr (m)	وزير
primeiro-ministro (m)	ra'īs wozarā' (m)	رئيس وزراء
senador (m)	'oḍw magles el ʃoyūχ (m)	عضو مجلس الشيوخ
diplomata (m)	deblomāsy (m)	دبلوماسي
cônsul (m)	qonṣol (m)	قنصل
embaixador (m)	safīr (m)	سفير
conselheiro (m)	mostaʃār (m)	مستشار
funcionário (m)	mowazzaf (m)	موظّف
prefeito (m)	ra'īs edāret el ḥayī (m)	رئيس إدارة الحي
Presidente (m) da Câmara	ra'īs el baladiya (m)	رئيس البلديّة
juiz (m)	qāḍy (m)	قاضي
procurador (m)	el na'eb el 'ām (m)	النائب العام
missionário (m)	mobasʃer (m)	مبشّر
monge (m)	rāheb (m)	راهب
abade (m)	ra'īs el deyr (m)	رئيس الدير
rabino (m)	ḥaχām (m)	حاخام
vizir (m)	wazīr (m)	وزير
xá (m)	ʃāh (m)	شاه
xeque (m)	ʃɛyχ (m)	شيخ

90. Profissões agrícolas

apicultor (m)	naḥḥāl (m)	نحّال
pastor (m)	rā'y (m)	راعي
agrónomo (m)	mohandes zerā'y (m)	مهندس زراعي

criador (m) de gado	morabby el mawāʃy (m)	مربّي المواشي
veterinário (m)	doktore beṭary (m)	دكتور بيطري
agricultor (m)	mozāreʿ (m)	مزارع
vinicultor (m)	ṣāneʿ el χamr (m)	صانع الخمر
zoólogo (m)	χabīr fe ʿelm el ḥayawān (m)	خبير في علم الحيوان
cowboy (m)	rāʿy el baʾar (m)	راعي البقر

91. Profissões artísticas

ator (m)	momassel (m)	ممثّل
atriz (f)	momassela (f)	ممثّلة
cantor (m)	moṭreb (m)	مطرب
cantora (f)	moṭreba (f)	مطربة
bailarino (m)	rāqeṣ (m)	راقص
bailarina (f)	raʾāṣa (f)	راقصة
artista (m)	fannān (m)	فنّان
artista (f)	fannāna (f)	فنّانة
músico (m)	ʿāzef (m)	عازف
pianista (m)	ʿāzef biano (m)	عازف بيانو
guitarrista (m)	ʿāzef guitar (m)	عازف جيتار
maestro (m)	qāʾed orkestra (m)	قائد أوركسترا
compositor (m)	molaḥḥen (m)	ملحّن
empresário (m)	modīr ferʾa (m)	مدير فرقة
realizador (m)	moχreg aflām (m)	مخرج أفلام
produtor (m)	monteg (m)	منتج
argumentista (m)	kāteb senario (m)	كاتب سيناريو
crítico (m)	nāqed (m)	ناقد
escritor (m)	kāteb (m)	كاتب
poeta (m)	ʃāʿer (m)	شاعر
escultor (m)	naḥḥāt (m)	نحّات
pintor (m)	rassām (m)	رسّام
malabarista (m)	bahlawān (m)	بهلوان
palhaço (m)	aragoze (m)	أراجوز
acrobata (m)	bahlawān (m)	بهلوان
mágico (m)	sāḥer (m)	ساحر

92. Várias profissões

médico (m)	doktore (m)	دكتور
enfermeira (f)	momarreḍa (f)	ممرّضة
psiquiatra (m)	doktore nafsāny (m)	دكتور نفساني
estomatologista (m)	doktore asnān (m)	دكتور أسنان
cirurgião (m)	garrāḥ (m)	جرّاح

astronauta (m)	rā'ed faḍā' (m)	رائد فضاء
astrónomo (m)	'ālem falak (m)	عالم فلك
piloto (m)	ṭayār (m)	طيّار
motorista (m)	sawwā' (m)	سوّاق
maquinista (m)	sawwā' (m)	سوّاق
mecânico (m)	mikanīky (m)	ميكانيكي
mineiro (m)	'āmel mangam (m)	عامل منجم
operário (m)	'āmel (m)	عامل
serralheiro (m)	'affāl (m)	قفّال
marceneiro (m)	naggār (m)	نجّار
torneiro (m)	χarrāṭ (m)	خرّاط
construtor (m)	'āmel benā' (m)	عامل بناء
soldador (m)	laḥḥām (m)	لحّام
professor (m) catedrático	brofessor (m)	بروفيسور
arquiteto (m)	mohandes me'māry (m)	مهندس معماري
historiador (m)	mo'arreχ (m)	مؤرّخ
cientista (m)	'ālem (m)	عالم
físico (m)	fizyā'y (m)	فيزيائي
químico (m)	kemyā'y (m)	كيميائي
arqueólogo (m)	'ālem'āsār (m)	عالم آثار
geólogo (m)	ʒeoloʒy (m)	جيولوجي
pesquisador (cientista)	bāḥes (m)	باحث
babysitter (f)	dāda (f)	دادة
professor (m)	mo'allem (m)	معلّم
redator (m)	moḥarrer (m)	محرّر
redator-chefe (m)	ra'īs taḥrīr (m)	رئيس تحرير
correspondente (m)	morāsel (m)	مراسل
datilógrafa (f)	kāteba 'ala el 'āla el kāteba (f)	كاتبة على الآلة الكاتبة
designer (m)	moṣammem (m)	مصمّم
especialista (m) em informática	motaχaṣṣeṣ bel kombuter (m)	متخصّص بالكمبيوتر
programador (m)	mobarmeg (m)	مبرمج
engenheiro (m)	mohandes (m)	مهندس
marujo (m)	baḥḥār (m)	بحّار
marinheiro (m)	baḥḥār (m)	بحّار
salvador (m)	monqez (m)	منقذ
bombeiro (m)	rāgel el maṭāfy (m)	راجل المطافئ
polícia (m)	ʃorṭy (m)	شرطي
guarda-noturno (m)	ḥāres (m)	حارس
detetive (m)	moḥaqqeq (m)	محقّق
funcionário (m) da alfândega	mowazzaf el gamārek (m)	موظّف الجمارك
guarda-costas (m)	ḥāres ʃaχṣy (m)	حارس شخصي
guarda (m) prisional	ḥāres segn (m)	حارس سجن
inspetor (m)	mofatteʃ (m)	مفتّش
desportista (m)	reyāḍy (m)	رياضي
treinador (m)	modarreb (m)	مدرّب

talhante (m)	gazzār (m)	جزّار
sapateiro (m)	eskāfy (m)	إسكافي
comerciante (m)	tāger (m)	تاجر
carregador (m)	ʃayāl (m)	شيّال
estilista (m)	moṣammem azyā' (m)	مصمّم أزياء
modelo (f)	modeyl (f)	موديل

93. Ocupações. Estatuto social

aluno, escolar (m)	talmīz (m)	تلميذ
estudante (~ universitária)	ṭāleb (m)	طالب
filósofo (m)	faylasūf (m)	فيلسوف
economista (m)	eqtiṣādy (m)	إقتصادي
inventor (m)	moχtareʿ (m)	مخترع
desempregado (m)	ʿāṭel (m)	عاطل
reformado (m)	motaqāʿed (m)	متقاعد
espião (m)	gasūs (m)	جاسوس
preso (m)	sagīn (m)	سجين
grevista (m)	moḍrab (m)	مضرب
burocrata (m)	buroqrāṭy (m)	بيوروقراطي
viajante (m)	raḥḥāla (m)	رحّالة
homossexual (m)	ʃāz (m)	شاذ
hacker (m)	haker (m)	هاكر
hippie	hippi (m)	هيبي
bandido (m)	qāṭeʿ ṭarī' (m)	قاطع طريق
assassino (m) a soldo	qātel ma'gūr (m)	قاتل مأجور
toxicodependente (m)	modmen moχaddarāt (m)	مدمن مخدّرات
traficante (m)	tāger moχaddarāt (m)	تاجر مخدّرات
prostituta (f)	mommos (f)	مومّس
chulo (m)	qawwād (m)	قوّاد
bruxo (m)	sāḥer (m)	ساحر
bruxa (f)	sāḥera (f)	ساحرة
pirata (m)	'orṣān (m)	قرصان
escravo (m)	ʿabd (m)	عبد
samurai (m)	samuray (m)	ساموراي
selvagem (m)	motawaḥḥeʃ (m)	متوحّش

Educação

94. Escola

escola (f)	madrasa (f)	مدرسة
diretor (m) de escola	modīr el madrasa (m)	مدير المدرسة
aluno (m)	talmīz (m)	تلميذ
aluna (f)	telmīza (f)	تلميذة
escolar (m)	talmīz (m)	تلميذ
escolar (f)	telmīza (f)	تلميذة
ensinar (vt)	ʿallem	علّم
aprender (vt)	taʿallam	تعلّم
aprender de cor	ḥafaẓ	حفظ
estudar (vi)	taʿallam	تعلّم
andar na escola	daras	درس
ir à escola	rāḥ el madrasa	راح المدرسة
alfabeto (m)	abgadiya (f)	أبجدية
disciplina (f)	madda (f)	مادّة
sala (f) de aula	faṣl (m)	فصل
lição (f)	dars (m)	درس
recreio (m)	estrāḥa (f)	إستراحة
toque (m)	garas el madrasa (m)	جرس المدرسة
carteira (f)	disk el madrasa (m)	ديسك المدرسة
quadro (m) negro	sabbūra (f)	سبّورة
nota (f)	daraga (f)	درجة
boa nota (f)	daraga kewayesa (f)	درجة كويسة
nota (f) baixa	daraga meʃ kewayesa (f)	درجة مش كويسة
dar uma nota	edda daraga	إدّى درجة
erro (m)	χaṭaʾ (m)	خطأ
fazer erros	aχṭaʾ	أخطأ
corrigir (vt)	ṣaḥḥaḥ	صحّح
cábula (f)	berʃām (m)	برشام
dever (m) de casa	wāgeb (m)	واجب
exercício (m)	tamrīn (m)	تمرين
estar presente	ḥaḍar	حضر
estar ausente	ɣāb	غاب
faltar às aulas	taɣeyyab ʿan el madrasa	تغيّب عن المدرسة
punir (vt)	ʿāqab	عاقب
punição (f)	ʿeqāb (m)	عقاب
comportamento (m)	solūk (m)	سلوك

boletim (m) escolar	el taqrīr el madrasy (m)	التقرير المدرسي
lápis (m)	'alam roṣāṣ (m)	قلم رصاص
borracha (f)	astīka (f)	استيكة
giz (m)	ṭabaʃīr (m)	طباشير
estojo (m)	ma'lama (f)	مقلمة
pasta (f) escolar	ʃanṭet el madrasa (f)	شنطة المدرسة
caneta (f)	'alam (m)	قلم
caderno (m)	daftar (m)	دفتر
manual (m) escolar	ketāb ta'līm (m)	كتاب تعليم
compasso (m)	bargal (m)	برجل
traçar (vt)	rasam rasm teqany	رسم رسم تقني
desenho (m) técnico	rasm teqany (m)	رسم تقني
poesia (f)	'aṣīda (f)	قصيدة
de cor	'an ẓahr qalb	عن ظهر قلب
aprender de cor	ḥafaẓ	حفظ
férias (f pl)	agāza (f)	أجازة
estar de férias	'ando agāza	عنده أجازة
passar as férias	'aḍa el agāza	قضى الأجازة
teste (m)	emteḥān (m)	إمتحان
composição, redação (f)	enʃā' (m)	إنشاء
ditado (m)	emlā' (m)	إملاء
exame (m)	emteḥān (m)	إمتحان
fazer exame	'amal emteḥān	عمل إمتحان
experiência (~ química)	tagreba (f)	تجربة

95. Colégio. Universidade

academia (f)	akademiya (f)	أكاديميّة
universidade (f)	gam'a (f)	جامعة
faculdade (f)	kolliya (f)	كلّيّة
estudante (m)	ṭāleb (m)	طالب
estudante (f)	ṭāleba (f)	طالبة
professor (m)	muḥāḍer (m)	محاضر
sala (f) de palestras	modarrag (m)	مدرّج
graduado (m)	motaχarreg (m)	متخرج
diploma (m)	dibloma (f)	دبلومة
tese (f)	resāla 'elmiya (f)	رسالة علميّة
estudo (obra)	derāsa (f)	دراسة
laboratório (m)	moχtabar (m)	مختبر
palestra (f)	moḥaḍra (f)	محاضرة
colega (m) de curso	zamīl fel ṣaff (m)	زميل في الصفّ
bolsa (f) de estudos	menḥa derāsiya (f)	منحة دراسيّة
grau (m) académico	daraga 'elmiya (f)	درجة علميّة

96. Ciências. Disciplinas

matemática (f)	reyāḍīāt (pl)	رياضيّات
álgebra (f)	el gabr (m)	الجبر
geometria (f)	handasa (f)	هندسة
astronomia (f)	ʿelm el falak (m)	علم الفلك
biologia (f)	al aḥya' (m)	الأحياء
geografia (f)	goɣrafia (f)	جغرافيا
geologia (f)	ʒeoloʒia (f)	جيولوجيا
história (f)	tarīχ (m)	تاريخ
medicina (f)	ṭebb (m)	طبّ
pedagogia (f)	tarbeya (f)	تربية
direito (m)	qanūn (m)	قانون
física (f)	fezyaʾ (f)	فيزياء
química (f)	kemyaʾ (f)	كيمياء
filosofia (f)	falsafa (f)	فلسفة
psicologia (f)	ʿelm el nafs (m)	علم النفس

97. Sistema de escrita. Ortografia

gramática (f)	el naḥw wel ṣarf (m)	النحو والصرف
vocabulário (m)	mofradāt el loɣa (pl)	مفردات اللغة
fonética (f)	ṣawtīāt (pl)	صوتيات
substantivo (m)	esm (m)	اسم
adjetivo (m)	ṣefa (f)	صفة
verbo (m)	feʿl (m)	فعل
advérbio (m)	ẓarf (m)	ظرف
pronome (m)	ḍamīr (m)	ضمير
interjeição (f)	oslūb el taʿaggob (m)	أسلوب التعجّب
preposição (f)	ḥarf el garr (m)	حرف الجرّ
raiz (f) da palavra	gezr el kelma (m)	جذر الكلمة
terminação (f)	nehāya (f)	نهاية
prefixo (m)	sabaeqa (f)	سابقة
sílaba (f)	maqṭaʿ lafzy (m)	مقطع لفظي
sufixo (m)	lāḥeqa (f)	لاحقة
acento (m)	nabra (f)	نبرة
apóstrofo (m)	ʿalāmet ḥazf (f)	علامة حذف
ponto (m)	noʾṭa (f)	نقطة
vírgula (f)	faṣla (f)	فاصلة
ponto e vírgula (m)	noʾṭa w faṣla (f)	نقطة وفاصلة
dois pontos (m pl)	noʾṭeteyn (pl)	نقطتين
reticências (f pl)	talat noʾaṭ (pl)	ثلاث نقط
ponto (m) de interrogação	ʿalāmet estefhām (f)	علامة إستفهام
ponto (m) de exclamação	ʾalāmet taʿaggob (f)	علامة تعجّب

aspas (f pl)	ʻalamāt el eqtebās (pl)	علامات الإقتباس
entre aspas	beyn ʻalamaty el eqtebās	بين علامتي الاقتباس
parênteses (m pl)	qoseyn (du)	قوسين
entre parênteses	beyn el qoseyn	بين القوسين
hífen (m)	ʻalāmet waṣl (f)	علامة وصل
travessão (m)	ʃorṭa (f)	شرطة
espaço (m)	farāɣ (m)	فراغ
letra (f)	ḥarf (m)	حرف
letra (f) maiúscula	ḥarf kebīr (m)	حرف كبير
vogal (f)	ḥarf ṣauty (m)	حرف صوتي
consoante (f)	ḥarf sāken (m)	حرف ساكن
frase (f)	gomla (f)	جملة
sujeito (m)	fāʻel (m)	فاعل
predicado (m)	mosnad (m)	مسند
linha (f)	saṭr (m)	سطر
em uma nova linha	men bedāyet el saṭr	من بداية السطر
parágrafo (m)	faqra (f)	فقرة
palavra (f)	kelma (f)	كلمة
grupo (m) de palavras	magmūʻa men el kelamāt (pl)	مجموعة من الكلمات
expressão (f)	moṣṭalaḥ (m)	مصطلح
sinónimo (m)	morādef (m)	مرادف
antónimo (m)	motaḍād loɣawy (m)	متضاد لغوي
regra (f)	qaʻeda (f)	قاعدة
exceção (f)	estesnāʼ (m)	إستثناء
correto	ṣaḥīḥ	صحيح
conjugação (f)	ṣarf (m)	صرف
declinação (f)	taṣrīf el asmāʼ (m)	تصريف الأسماء
caso (m)	ḥāla esmiya (f)	حالة أسمية
pergunta (f)	soʼāl (m)	سؤال
sublinhar (vt)	ḥaṭṭ xaṭṭ taḥt	حطّ خطّ تحت
linha (f) pontilhada	xaṭṭ menaʼʼaṭ (m)	خطّ منقّط

98. Línguas estrangeiras

língua (f)	loɣa (f)	لغة
estrangeiro	agnaby	أجنبيّ
língua (f) estrangeira	loɣa agnabiya (f)	لغة أجنبية
estudar (vt)	daras	درس
aprender (vt)	taʻallam	تعلّم
ler (vt)	ʼara	قرأ
falar (vi)	kallem	كلّم
compreender (vt)	fehem	فهم
escrever (vt)	katab	كتب
rapidamente	bosorʻa	بسرعة
devagar	bo boṭʼ	ببطء

fluentemente	beṭalāqa	بطلاقة
regras (f pl)	qawā'ed (pl)	قواعد
gramática (f)	el naḥw wel ṣarf (m)	النحو والصرف
vocabulário (m)	mofradāt el loɣa (pl)	مفردات اللغة
fonética (f)	ṣawtīāt (pl)	صوتيات
manual (m) escolar	ketāb ta'līm (m)	كتاب تعليم
dicionário (m)	qamūs (m)	قاموس
manual (m) de autoaprendizagem	ketāb ta'līm zāty (m)	كتاب تعليم ذاتي
guia (m) de conversação	ketāb lel 'ebarāt el ʃā'e'a (m)	كتاب للعبارت الشائعة
cassete (f)	kasett (m)	كاسيت
vídeo cassete (m)	ʃerīṭ video (m)	شريط فيديو
CD (m)	sidī (m)	سي دي
DVD (m)	dividī (m)	دي في دي
alfabeto (m)	abgadiya (f)	أبجدية
soletrar (vt)	tahagga	تهجّى
pronúncia (f)	noṭ' (m)	نطق
sotaque (m)	lahga (f)	لهجة
com sotaque	be lahga	بـ لهجة
sem sotaque	men ɣeyr lahga	من غير لهجة
palavra (f)	kelma (f)	كلمة
sentido (m)	ma'na (m)	معنى
cursos (m pl)	dawra (f)	دورة
inscrever-se (vr)	saggel esmo	سجّل إسمه
professor (m)	modarres (m)	مدرّس
tradução (processo)	targama (f)	ترجمة
tradução (texto)	targama (f)	ترجمة
tradutor (m)	motargem (m)	مترجم
intérprete (m)	motargem fawwry (m)	مترجم فوري
poliglota (m)	'alīm be'eddet loɣāt (m)	عليم بعدّة لغات
memória (f)	zākera (f)	ذاكرة

Descanso. Entretenimento. Viagens

99. Viagens

turismo (m)	seyāḥa (f)	سياحة
turista (m)	sā'eḥ (m)	سائح
viagem (f)	reḥla (f)	رحلة
aventura (f)	moɣamra (f)	مغامرة
viagem (f)	reḥla (f)	رحلة
férias (f pl)	agāza (f)	أجازة
estar de férias	kān fi agāza	كان في أجازة
descanso (m)	estrāḥa (f)	إستراحة
comboio (m)	qeṭār, 'aṭṭr (m)	قطار
de comboio (chegar ~)	bel qeṭār - bel aṭṭr	بالقطار
avião (m)	ṭayāra (f)	طيّارة
de avião	bel ṭayāra	بالطيّارة
de carro	bel sayāra	بالسيّارة
de navio	bel safīna	بالسفينة
bagagem (f)	el ʃonaṭ (pl)	الشنط
mala (f)	ʃanṭa (f)	شنطة
carrinho (m)	'arabet ʃonaṭ (f)	عربة شنط
passaporte (m)	basbore (m)	باسبور
visto (m)	ta'ʃīra (f)	تأشيرة
bilhete (m)	tazkara (f)	تذكرة
bilhete (m) de avião	tazkara ṭayarān (f)	تذكرة طيران
guia (m) de viagem	dalīl (m)	دليل
mapa (m)	χarīṭa (f)	خريطة
local (m), area (f)	mante'a (f)	منطقة
lugar, sítio (m)	makān (m)	مكان
exotismo (m)	ɣarāba (f)	غرابة
exótico	ɣarīb	غريب
surpreendente	mod-heʃ	مدهش
grupo (m)	magmū'a (f)	مجموعة
excursão (f)	gawla (f)	جولة
guia (m)	morʃed (m)	مرشد

100. Hotel

hotel (m)	fondo' (m)	فندق
motel (m)	motel (m)	موتيل
três estrelas	talat nogūm	ثلاث نجوم

cinco estrelas	χamas nogūm	خمس نجوم
ficar (~ num hotel)	nezel	نزل
quarto (m)	oḍa (f)	أوضة
quarto (m) individual	owḍa le ʃaχṣ wāḥed (f)	أوضة لشخص واحد
quarto (m) duplo	oḍa le ʃaχṣeyn (f)	أوضة لشخصين
reservar um quarto	ḥagaz owḍa	حجز أوضة
meia pensão (f)	wagbeteyn fel yome (du)	وجبتين في اليوم
pensão (f) completa	talat wagabāt fel yome	ثلاث وجبات في اليوم
com banheira	bel banyo	بـ البانيو
com duche	bel doʃ	بالدوش
televisão (m) satélite	televizion be qanawāt faḍā'iya (m)	تليفزيون بقنوات فضائية
ar (m) condicionado	takyīf (m)	تكييف
toalha (f)	fūṭa (f)	فوطة
chave (f)	meftāḥ (m)	مفتاح
administrador (m)	modīr (m)	مدير
camareira (f)	'āmela tandīf γoraf (f)	عاملة تنظيف غرف
bagageiro (m)	ʃayāl (m)	شيّال
porteiro (m)	bawwāb (m)	بوّاب
restaurante (m)	maṭ'am (m)	مطعم
bar (m)	bār (m)	بار
pequeno-almoço (m)	foṭūr (m)	فطور
jantar (m)	'aʃā' (m)	عشاء
buffet (m)	bofeyh (m)	بوفيه
hall (m) de entrada	rad-ha (f)	ردهة
elevador (m)	asanseyr (m)	اسانسير
NÃO PERTURBE	nargu 'adam el ez'āg	نرجو عدم الإزعاج
PROIBIDO FUMAR!	mamnū' el tadχīn	ممنوع التدخين

EQUIPAMENTO TÉCNICO. TRANSPORTES

Equipamento técnico. Transportes

101. Computador

computador (m)	kombuter (m)	كمبيوتر
portátil (m)	lab tob (m)	لابتوب
ligar (vt)	fataḥ, ʃagɣal	فتح, شغّل
desligar (vt)	ṭaffa	طفّى
teclado (m)	lawḥet el mafatīḥ (f)	لوحة المفاتيح
tecla (f)	meftāḥ (m)	مفتاح
rato (m)	maws (m)	ماوس
tapete (m) de rato	maws bād (m)	ماوس باد
botão (m)	zerr (m)	زرّ
cursor (m)	mo'asʃer (m)	مؤشّر
monitor (m)	ʃāʃa (f)	شاشة
ecrã (m)	ʃāʃa (f)	شاشة
disco (m) rígido	hard disk (m)	هارد ديسك
capacidade (f) do disco rígido	se'et el hard disk (f)	سعة الهارد ديسك
memória (f)	zākera (f)	ذاكرة
memória RAM (f)	zākerat el woṣūl el 'aʃwā'y (f)	ذاكرة الوصول العشوائي
ficheiro (m)	malaff (m)	ملفّ
pasta (f)	ḥāfeza (m)	حافظة
abrir (vt)	fataḥ	فتح
fechar (vt)	'afal	قفل
guardar (vt)	ḥafaẓ	حفظ
apagar, eliminar (vt)	masaḥ	مسح
copiar (vt)	nasaχ	نسخ
ordenar (vt)	ṣannaf	صنّف
copiar (vt)	na'al	نقل
programa (m)	barnāmeg (m)	برنامج
software (m)	barmagīāt (pl)	برمجيّات
programador (m)	mobarmeg (m)	مبرمج
programar (vt)	barmag	برمج
hacker (m)	haker (m)	هاكر
senha (f)	kelmet el serr (f)	كلمة السرّ
vírus (m)	virūs (m)	فيروس
detetar (vt)	la'a	لقى
byte (m)	byte (m)	بايت

megabyte (m)	megabayt (m)	ميجا بايت
dados (m pl)	bayanāt (pl)	بيانات
base (f) de dados	qa'edet bayanāt (f)	قاعدة بيانات
cabo (m)	kabl (m)	كابل
desconectar (vt)	faṣal	فصل
conetar (vt)	waṣṣal	وصّل

102. Internet. E-mail

internet (f)	internet (m)	إنترنت
browser (m)	motaṣaffeḥ (m)	متصفّح
motor (m) de busca	moḥarrek baḥs (m)	محرك بحث
provedor (m)	ʃerket el internet (f)	شركة الإنترنت
webmaster (m)	modīr el mawqe' (m)	مدير الموقع
website, sítio web (m)	mawqe' elektrony (m)	موقع الكتروني
página (f) web	ṣafḥet web (f)	صفحة ويب
endereço (m)	'enwān (m)	عنوان
livro (m) de endereços	daftar el 'anawīn (m)	دفتر العناوين
caixa (f) de correio	ṣandū' el barīd (m)	صندوق البريد
correio (m)	barīd (m)	بريد
cheia (caixa de correio)	mumtali'	ممتليء
mensagem (f)	resāla (f)	رسالة
mensagens (f pl) recebidas	rasa'el wārda (pl)	رسائل واردة
mensagens (f pl) enviadas	rasa'el ṣādra (pl)	رسائل صادرة
remetente (m)	morsel (m)	مرسل
enviar (vt)	arsal	أرسل
envio (m)	ersāl (m)	إرسال
destinatário (m)	morsel elayh (m)	مرسل إليه
receber (vt)	estalam	إستلم
correspondência (f)	morasla (f)	مراسلة
corresponder-se (vr)	tarāsal	تراسل
ficheiro (m)	malaff (m)	ملفّ
fazer download, baixar	ḥammel	حمّل
criar (vt)	'amal	عمل
apagar, eliminar (vt)	masaḥ	مسح
eliminado	mamsūḥ	ممسوح
conexão (f)	etteṣāl (m)	إتّصال
velocidade (f)	sor'a (f)	سرعة
modem (m)	modem (m)	مودم
acesso (m)	woṣūl (m)	وصول
porta (f)	maχrag (m)	مخرج
conexão (f)	etteṣāl (m)	إتّصال
conetar (vi)	yuwṣel	يوصل
escolher (vt)	eχtār	إختار
buscar (vt)	baḥs	بحث

103. Eletricidade

eletricidade (f)	kahraba' (m)	كهرباء
elétrico	kahrabā'y	كهربائي
central (f) elétrica	maḥaṭṭa kahraba'iya (f)	محطّة كهربائيّة
energia (f)	ṭāqa (f)	طاقة
energia (f) elétrica	ṭāqa kahraba'iya (f)	طاقة كهربائيّة
lâmpada (f)	lammba (f)	لمّبة
lanterna (f)	kasʃāf el nūr (m)	كشّاف النور
poste (m) de iluminação	'amūd el nūr (m)	عمود النور
luz (f)	nūr (m)	نور
ligar (vt)	fataḥ, ʃagɣal	فتح, شغّل
desligar (vt)	ṭaffa	طفّى
apagar a luz	ṭaffa el nūr	طفّى النور
fundir (vi)	etṭafa	إتّطفى
curto-circuito (m)	dayra kahraba'iya 'aṣīra (f)	دائرة كهربائية قصيرة
rutura (f)	selk ma'ṭū' (m)	سلك مقطوع
contacto (m)	talāmos (m)	تلامس
interruptor (m)	meftāḥ el nūr (m)	مفتاح النور
tomada (f)	bareza el kaharaba' (f)	بريزة الكهرباء
ficha (f)	fīʃet el kahraba' (f)	فيشة الكهرباء
extensão (f)	selk tawṣīl (m)	سلك توصيل
fusível (m)	fetīl (m)	فتيل
fio, cabo (m)	selk (m)	سلك
instalação (f) elétrica	aslāk (pl)	أسلاك
ampere (m)	ambere (m)	أمبير
amperagem (f)	ʃeddet el tayār (f)	شدّة التيّار
volt (m)	volt (m)	فولت
voltagem (f)	el gohd el kaharab'y (m)	الجهد الكهربائي
aparelho (m) elétrico	gehāz kahrabā'y (m)	جهاز كهربائي
indicador (m)	mo'asʃer (m)	مؤشّر
eletricista (m)	kahrabā'y (m)	كهربائي
soldar (vt)	laḥam	لحم
ferro (m) de soldar	adat laḥm (f)	إداة لحم
corrente (f) elétrica	tayār kahrabā'y (m)	تيّاركهربائي

104. Ferramentas

ferramenta (f)	adah (f)	أداة
ferramentas (f pl)	adawāt (pl)	أدوات
equipamento (m)	mo'eddāt (pl)	معدّات
martelo (m)	ʃakūʃ (m)	شاكوش
chave (f) de fendas	mefakk (m)	مفكّ
machado (m)	fa's (m)	فأس

serra (f)	monʃār (m)	منشار
serrar (vt)	naʃar	نشر
plaina (f)	mesḥāg (m)	مسحاج
aplainar (vt)	saḥag	سحج
ferro (m) de soldar	adat laḥm (f)	إداة لحم
soldar (vt)	laḥam	لحم
lima (f)	mabrad (m)	مبرد
tenaz (f)	kamʃa (f)	كمشة
alicate (m)	zardiya (f)	زرديّة
formão (m)	ezmīl (m)	إزميل
broca (f)	mesqāb (m)	مثقاب
berbequim (f)	drill kahrabā'y (m)	دريل كهربائي
furar (vt)	ḥafar	حفر
faca (f)	sekkīna (f)	سكّينة
canivete (m)	sekkīnet gīb (m)	سكّينة جيب
lâmina (f)	ʃafra (f)	شفرة
afiado	ḥād	حاد
cego	telma	تلمة
embotar-se (vr)	kānet telma	كانت تلمة
afiar, amolar (vt)	sann	سنّ
parafuso (m)	mesmār 'alawoze (m)	مسمار قلاووظ
porca (f)	ṣamūla (f)	صامولة
rosca (f)	χaʃχana (f)	خشخنة
parafuso (m) para madeira	'alawūz (m)	قلاووظ
prego (m)	mesmār (m)	مسمار
cabeça (f) do prego	rās el mesmār (m)	رأس المسمار
régua (f)	masṭara (f)	مسطرة
fita (f) métrica	ʃerī'ṭ el 'eyās (m)	شريط القياس
nível (m)	mizān el maya (m)	ميزان الميّة
lupa (f)	'adasa mokabbera (f)	عدسة مكبّرة
medidor (m)	gehāz 'eyās (m)	جهاز قياس
medir (vt)	'ās	قاس
escala (f)	me'yās (m)	مقياس
indicação (f), registo (m)	qerā'a (f)	قراءة
compressor (m)	kombressor (m)	كومبرسور
microscópio (m)	mikroskob (m)	ميكروسكوب
bomba (f)	ṭolommba (f)	طلمّبة
robô (m)	robot (m)	روبوت
laser (m)	laser (m)	ليزر
chave (f) de boca	meftāḥ rabṭ (m)	مفتاح ربط
fita (f) adesiva	laz' (m)	لزق
cola (f)	ṣamɣ (m)	صمغ
lixa (f)	wara' ṣanfara (m)	ورق صنفرة
mola (f)	sosta (f)	سوستة

íman (m)	meɣnaṭīs (m)	مغنطيس
luvas (f pl)	gwanty (m)	جوانتي
corda (f)	ḥabl (m)	حبل
cordel (m)	selk (m)	سلك
fio (m)	selk (m)	سلك
cabo (m)	kabl (m)	كابل
marreta (f)	marzaba (f)	مرزبة
pé de cabra (m)	ʿatala (f)	عتلة
escada (f) de mão	sellem (m)	سلّم
escadote (m)	sellem naʾāl (m)	سلّم نقال
enroscar (vt)	aḥkam el ʃadd	أحكم الشدّ
desenroscar (vt)	fataḥ	فتح
apertar (vt)	kamaʃ	كمش
colar (vt)	alṣaq	ألصق
cortar (vt)	ʾaṭaʿ	قطع
falha (mau funcionamento)	ʿoṭl (m)	عطل
conserto (m)	taṣlīḥ (m)	تصليح
consertar, reparar (vt)	ṣallaḥ	صلّح
regular, ajustar (vt)	ḍabaṭ	ضبط
verificar (vt)	eχtabar	إختبر
verificação (f)	faḥṣ (m)	فحص
indicação (f), registo (m)	qerāʾa (f)	قراءة
seguro	matīn	متين
complicado	morakkab	مركّب
enferrujar (vi)	ṣadaʾ	صدئ
enferrujado	meṣaddy	مصدّي
ferrugem (f)	ṣadaʾ (m)	صدأ

Transportes

105. Avião

avião (m)	ṭayāra (f)	طيّارة
bilhete (m) de avião	tazkara ṭayarān (f)	تذكرة طيران
companhia (f) aérea	ʃerket ṭayarān (f)	شركة طيران
aeroporto (m)	maṭār (m)	مطار
supersónico	χāreq lel ṣote	خارق للصوت
comandante (m) do avião	kabten (m)	كابتن
tripulação (f)	ṭa'm (m)	طقم
piloto (m)	ṭayār (m)	طيّار
hospedeira (f) de bordo	moḍīfet ṭayarān (f)	مضيفة طيران
copiloto (m)	mallāḥ (m)	ملاّح
asas (f pl)	agneḥa (pl)	أجنحة
cauda (f)	deyl (m)	ذيل
cabine (f) de pilotagem	kabīna (f)	كابينة
motor (m)	motore (m)	موتور
trem (m) de aterragem	ʿagalāt el hobūṭ (pl)	عجلات الهبوط
turbina (f)	torbīna (f)	توربينة
hélice (f)	marwaḥa (f)	مروّحة
caixa-preta (f)	mosaggel el ṭayarān (m)	مسجّل الطيران
coluna (f) de controlo	moqawwed el ṭayāra (m)	مقوّد الطيّارة
combustível (m)	woqūd (m)	وقود
instruções (f pl) de segurança	beṭā'et el salāma (f)	بطاقة السلامة
máscara (f) de oxigénio	mask el oksyʒīn (m)	ماسك الاوكسيجين
uniforme (m)	zayī muwaḥḥad (m)	زيّ موحّد
colete (m) salva-vidas	sotret nagah (f)	سترة نجاة
paraquedas (m)	baraʃot (m)	باراشوت
descolagem (f)	eqlāʿ (m)	إقلاع
descolar (vi)	aqlaʿet	أقلعت
pista (f) de descolagem	modarrag el ṭa'erāṭ (m)	مدرّج الطائرات
visibilidade (f)	ro'ya (f)	رؤية
voo (m)	ṭayarān (m)	طيران
altura (f)	ertefāʿ (m)	إرتفاع
poço (m) de ar	geyb hawā'y (m)	جيب هوائي
assento (m)	meqʿad (m)	مقعد
auscultadores (m pl)	sammaʿāt ra'siya (pl)	سمّاعات رأسية
mesa (f) rebatível	ṣeniya qabela lel ṭayī (f)	صينية قابلة للطيّ
vigia (f)	ʃebbāk el ṭayāra (m)	شبّاك الطيّارة
passagem (f)	mamarr (m)	ممرّ

106. Comboio

comboio (m)	qeṭār, ʾaṭṭr (m)	قطار
comboio (m) suburbano	qeṭār rokkāb (m)	قطار ركّاب
comboio (m) rápido	qeṭār saree' (m)	قطار سريع
locomotiva (f) diesel	qāṭeret dīzel (f)	قاطرة ديزل
locomotiva (f) a vapor	qāṭera boχariya (f)	قاطرة بخاريّة
carruagem (f)	ʿaraba (f)	عربة
carruagem restaurante (f)	ʿarabet el ṭaʿām (f)	عربة الطعام
carris (m pl)	qoḍbān (pl)	قضبان
caminho de ferro (m)	sekka ḥadīdiya (f)	سكّة حديديّة
travessa (f)	ʿāreḍa sekket ḥadīd (f)	عارضة سكّة الحديد
plataforma (f)	raṣīf (m)	رصيف
linha (f)	χaṭṭ (m)	خطّ
semáforo (m)	semafore (m)	سيمافور
estação (f)	maḥaṭṭa (f)	محطّة
maquinista (m)	sawwāʾ (m)	سوّاق
bagageiro (m)	ʃayāl (m)	شيّال
hospedeiro, -a (da carruagem)	masʾūl ʿarabet el qeṭār (m)	مسؤول عربة القطار
passageiro (m)	rākeb (m)	راكب
revisor (m)	kamsary (m)	كمسري
corredor (m)	mamarr (m)	ممرّ
freio (m) de emergência	farāmel el ṭawāreʾ (pl)	فرامل الطوارئ
compartimento (m)	ɣorfa (f)	غرفة
cama (f)	serīr (m)	سرير
cama (f) de cima	serīr ʿolwy (m)	سرير علوّي
cama (f) de baixo	serīr sofly (m)	سرير سفلي
roupa (f) de cama	aɣṭeyet el serīr (pl)	أغطيّة السرير
bilhete (m)	tazkara (f)	تذكرة
horário (m)	gadwal (m)	جدوّل
painel (m) de informação	lawḥet maʿlomāt (f)	لوحة معلومات
partir (vt)	ɣādar	غادر
partida (f)	moɣadra (f)	مغادرة
chegar (vi)	weṣel	وصل
chegada (f)	woṣūl (m)	وصول
chegar de comboio	weṣel bel qeṭār	وصل بالقطار
apanhar o comboio	rekeb el qeṭār	ركب القطار
sair do comboio	nezel men el qeṭār	نزل من القطار
acidente (m) ferroviário	ḥeṭām qeṭār (m)	حطام قطار
descarrilar (vi)	χarag ʿan χaṭṭ sīru	خرج عن خطّ سيره
locomotiva (f) a vapor	qāṭera boχariya (f)	قاطرة بخاريّة
fogueiro (m)	ʿatʃagy (m)	عطشجي
fornalha (f)	forn el moḥarrek (m)	فرن المحرّك
carvão (m)	faḥm (m)	فحم

107. Barco

navio (m)	safīna (f)	سفينة
embarcação (f)	safīna (f)	سفينة
vapor (m)	baχera (f)	باخرة
navio (m)	baχera nahriya (f)	باخرة نهرية
transatlântico (m)	safīna seyaḥiya (f)	سفينة سياحيّة
cruzador (m)	ṭarrād safīna baḥariya (m)	طرّاد سفينة بحريّة
iate (m)	yaχt (m)	يخت
rebocador (m)	qāṭera baḥariya (f)	قاطرة بحريّة
barcaça (f)	ṣandal (m)	صندل
ferry (m)	ʿabbāra (f)	عبّارة
veleiro (m)	safīna ʃeraʿiya (m)	سفينة شراعيّة
bergantim (m)	markeb ʃerāʿy (m)	مركب شراعي
quebra-gelo (m)	moḥaṭṭemet galīd (f)	محطّمة جليد
submarino (m)	ɣawwāṣa (f)	غوّاصة
bote, barco (m)	markeb (m)	مركب
bote, dingue (m)	zawraʾ (m)	زورق
bote (m) salva-vidas	qāreb nagah (m)	قارب نجاة
lancha (f)	lunʃ (m)	لنش
capitão (m)	ʾobṭān (m)	قبطان
marinheiro (m)	baḥḥār (m)	بحّار
marujo (m)	baḥḥār (m)	بحّار
tripulação (f)	ṭāqem (m)	طاقم
contramestre (m)	rabbān (m)	ربّان
grumete (m)	ṣaby el safīna (m)	صبي السفينة
cozinheiro (m) de bordo	ṭabbāχ (m)	طبّاخ
médico (m) de bordo	ṭabīb el safīna (m)	طبيب السفينة
convés (m)	saṭ-ḥ el safīna (m)	سطح السفينة
mastro (m)	sāreya (f)	سارية
vela (f)	ʃerāʿ (m)	شراع
porão (m)	ʿanbar (m)	عنبر
proa (f)	moʾaddema (m)	مقدّمة
popa (f)	moʾaχeret el safīna (f)	مؤخّرة السفينة
remo (m)	megdāf (m)	مجداف
hélice (f)	marwaḥa (f)	مروحة
camarote (m)	kabīna (f)	كابينة
sala (f) dos oficiais	ɣorfet el ṭaʿām wel rāḥa (f)	غرفة الطعام والراحة
sala (f) das máquinas	qesm el ʾālāt (m)	قسم الآلات
ponte (m) de comando	borg el qeyāda (m)	برج القيادة
sala (f) de comunicações	ɣorfet el lāselky (f)	غرفة اللاسلكي
onda (f) de rádio	mouga (f)	موجة
diário (m) de bordo	segel el safīna (m)	سجل السفينة
luneta (f)	monzār (m)	منظار
sino (m)	garas (m)	جرس

bandeira (f)	ʿalam (m)	علم
cabo (m)	ḥabl (m)	حبل
nó (m)	ʿoʾda (f)	عقدة
corrimão (m)	drabzīn saṭ-ḥ el safīna (m)	درابزين سطح السفينة
prancha (f) de embarque	sellem (m)	سلّم
âncora (f)	marsāh (f)	مرساة
recolher a âncora	rafaʿ morsah	رفع مرساة
lançar a âncora	rasa	رسا
amarra (f)	selselet morsah (f)	سلسلة مرساة
porto (m)	mināʾ (m)	ميناء
cais, amarradouro (m)	marsa (m)	مرسى
atracar (vi)	rasa	رسا
desatracar (vi)	aqlaʿ	أقلع
viagem (f)	reḥla (f)	رحلة
cruzeiro (m)	reḥla baḥariya (f)	رحلة بحريّة
rumo (m), rota (f)	masār (m)	مسار
itinerário (m)	ṭarīʾ (m)	طريق
canal (m) navegável	magra melāḥy (m)	مجرى ملاحيّ
banco (m) de areia	meyāh ḍaḥla (f)	مياه ضحلة
encalhar (vt)	ganaḥ	جنح
tempestade (f)	ʿāṣefa (f)	عاصفة
sinal (m)	eʃara (f)	إشارة
afundar-se (vr)	ɣereʾ	غرق
Homem ao mar!	saʾaṭ rāgil min el sefīna!	سقط راجل من السفينة!
SOS	nedāʾ eɣāsa (m)	نداء إغاثة
boia (f) salva-vidas	ṭoʾe nagah (m)	طوق نجاة

108. Aeroporto

aeroporto (m)	maṭār (m)	مطار
avião (m)	ṭayāra (f)	طيّارة
companhia (f) aérea	ʃerket ṭayarān (f)	شركة طيران
controlador (m) de tráfego aéreo	marākeb el ḥaraka el gawiya (m)	مراكب الحركة الجويّة
partida (f)	moɣadra (f)	مغادرة
chegada (f)	woṣūl (m)	وصول
chegar (~ de avião)	weṣel	وصل
hora (f) de partida	waʾt el moɣadra (m)	وقت المغادرة
hora (f) de chegada	waʾt el woṣūl (m)	وقت الوصول
estar atrasado	taʾakχar	تأخّر
atraso (m) de voo	taʾaχor el reḥla (m)	تأخّر الرحلة
painel (m) de informação	lawḥet el maʿlomāt (f)	لوحة المعلومات
informação (f)	esteʿlamāt (pl)	إستعلامات
anunciar (vt)	aʿlan	أعلن

voo (m)	reḥlet ṭayarān (f)	رحلة طيران
alfândega (f)	gamārek (pl)	جمارك
funcionário (m) da alfândega	mowazzaf el gamārek (m)	موظّف الجمارك
declaração (f) alfandegária	taṣrīḥ gomroky (m)	تصريح جمركي
preencher (vt)	mala	ملا
preencher a declaração	mala el taṣrīḥ	ملأ التصريح
controlo (m) de passaportes	taftīʃ el gawazāt (m)	تفتيش الجوازات
bagagem (f)	el ʃonaṭ (pl)	الشنط
bagagem (f) de mão	ʃonaṭ el yad (pl)	شنط اليد
carrinho (m)	ʿarabet ʃonaṭ (f)	عربة شنط
aterragem (f)	hobūṭ (m)	هبوط
pista (f) de aterragem	mamarr el hobūṭ (m)	ممرّ الهبوط
aterrar (vi)	habaṭ	هبط
escada (f) de avião	sellem el ṭayāra (m)	سلّم الطيّارة
check-in (m)	tasgīl (m)	تسجيل
balcão (m) do check-in	makān tasgīl (m)	مكان تسجيل
fazer o check-in	saggel	سجّل
cartão (m) de embarque	beṭāqet el rokūb (f)	بطاقة الركوب
porta (f) de embarque	bawwābet el moɣadra (f)	بوّابة المغادرة
trânsito (m)	tranzīt (m)	ترانزيت
esperar (vi, vt)	estanna	إستنّى
sala (f) de espera	ṣālet el moɣadra (f)	صالة المغادرة
despedir-se de ...	waddaʿ	ودّع
despedir-se (vr)	waddaʿ	ودّع

Eventos

109. Férias. Evento

festa (f)	ʿīd (m)	عيد
festa (f) nacional	ʿīd waṭany (m)	عيد وطني
feriado (m)	agāza rasmiya (f)	أجازة رسميّة
festejar (vt)	eḥtafal be zekra	إحتفل بذكرى
evento (festa, etc.)	ḥadass (m)	حدث
evento (banquete, etc.)	monasba (f)	مناسبة
banquete (m)	walīma (f)	وليمة
receção (f)	ḥaflet esteʾbāl (f)	حفلة إستقبال
festim (m)	walīma (f)	وليمة
aniversário (m)	zekra sanawiya (f)	ذكرى سنوية
jubileu (m)	yobeyl (m)	يوبيل
celebrar (vt)	eḥtafal	إحتفل
Ano (m) Novo	raʾs el sanna (m)	رأس السنة
Feliz Ano Novo!	koll sana wenta ṭayeb!	كلّ سنة وأنت طيّب!
Pai (m) Natal	baba neweyl (m)	بابا نويل
Natal (m)	ʿīd el melād (m)	عيد الميلاد
Feliz Natal!	ʿīd melād saʿīd!	عيد ميلاد سعيد!
árvore (f) de Natal	ʃagaret el kresmas (f)	شجرة الكريسمس
fogo (m) de artifício	alʿāb nāriya (pl)	ألعاب ناريّة
boda (f)	faraḥ (m)	فرح
noivo (m)	ʿarīs (m)	عريس
noiva (f)	ʿarūsa (f)	عروسة
convidar (vt)	ʿazam	عزم
convite (m)	beṭāʾet daʿwa (f)	بطاقة دعوة
convidado (m)	ḍeyf (m)	ضيف
visitar (vt)	zār	زار
receber os hóspedes	estaʾbal ḍoyūf	إستقبل ضيوف
presente (m)	hediya (f)	هديّة
oferecer (vt)	edda	إدّى
receber presentes	estalam hadāya	إستلم هدايا
ramo (m) de flores	bokeyh (f)	بوكيه
felicitações (f pl)	tahneʾa (f)	تهنئة
felicitar (dar os parabéns)	hanna	هنّأ
cartão (m) de parabéns	beṭāʾet tahneʾa (f)	بطاقة تهنئة
enviar um postal	baʿat beṭāʾet tahneʾa	بعت بطاقة تهنئة
receber um postal	estalam beṭāʾa tahneʾa	استلم بطاقة تهنئة

brinde (m)	naχab (m)	نخب
oferecer (vt)	ḍayaf	ضيّف
champanhe (m)	ʃambania (f)	شمبانيا
divertir-se (vr)	estamtaʿ	إستمتع
diversão (f)	bahga (f)	بهجة
alegria (f)	saʿāda (f)	سعادة
dança (f)	raʾṣa (f)	رقصة
dançar (vi)	raʾaṣ	رقص
valsa (f)	valles (m)	فالس
tango (m)	tango (m)	تانجو

110. Funerais. Enterro

cemitério (m)	maqbara (f)	مقبرة
sepultura (f), túmulo (m)	ʾabr (m)	قبر
cruz (f)	ṣalīb (m)	صليب
lápide (f)	ḥagar el maʾʾbara (m)	حجر المقبرة
cerca (f)	sūr (m)	سور
capela (f)	kenīsa saγīra (f)	كنيسة صغيرة
morte (f)	mote (m)	موت
morrer (vi)	māt	مات
defunto (m)	el motawaffy (m)	المتوفّي
luto (m)	ḥedād (m)	حداد
enterrar, sepultar (vt)	dafan	دفن
agência (f) funerária	maktab motaʿahhed el dafn (m)	مكتب متعهّد الدفن
funeral (m)	ganāza (f)	جنازة
coroa (f) de flores	eklīl (m)	إكليل
caixão (m)	tabūt (m)	تابوت
carro (m) funerário	naʿʃ (m)	نعش
mortalha (f)	kafan (m)	كفن
procissão (f) funerária	ganāza (f)	جنازة
urna (f) funerária	garra ganaʾeziya (f)	جرّة جنائزية
crematório (m)	maḥraʾet gosas el mawta (f)	محرقة جثث الموتى
obituário (m), necrologia (f)	segel el wafīāt (m)	سجل الوفيات
chorar (vi)	baka	بكى
soluçar (vi)	nawwaḥ	نوّح

111. Guerra. Soldados

pelotão (m)	faṣīla (f)	فصيلة
companhia (f)	serriya (f)	سريّة
regimento (m)	foge (m)	فوج
exército (m)	geyʃ (m)	جيش

divisão (f)	fer'a (f)	فرقة
destacamento (m)	weḥda (f)	وحدة
hoste (f)	geyʃ (m)	جيش
soldado (m)	gondy (m)	جنّدي
oficial (m)	ḍābeṭ (m)	ضابط
soldado (m) raso	gondy (m)	جنّدي
sargento (m)	raqīb tāny (m)	رقيب تاني
tenente (m)	molāzem tāny (m)	ملازم تاني
capitão (m)	naqīb (m)	نقيب
major (m)	rā'ed (m)	رائد
coronel (m)	'aqīd (m)	عقيد
general (m)	ʒenerāl (m)	جنرال
marujo (m)	baḥḥār (m)	بحّار
capitão (m)	'obṭān (m)	قبطان
contramestre (m)	rabbān (m)	ربّان
artilheiro (m)	gondy fe selāḥ el madfa'iya (m)	جنّدي في سلاح المدفعيّة
soldado (m) paraquedista	selāḥ el maẓallāt (m)	سلاح المظلّلات
piloto (m)	ṭayār (m)	طيّار
navegador (m)	mallāḥ (m)	ملاّح
mecânico (m)	mikanīky (m)	ميكانيكي
sapador (m)	mohandes 'askary (m)	مهندس عسكري
paraquedista (m)	gondy el baraʃot (m)	جنّدي الباراشوت
explorador (m)	kaʃāfet el esteṭlā' (f)	كشّافة الإستطلاع
franco-atirador (m)	qannāṣ (m)	قنّاص
patrulha (f)	dawriya (f)	دوّريّة
patrulhar (vt)	'ām be dawriya	قام بدوريّة
sentinela (f)	ḥāres (m)	حارس
guerreiro (m)	muḥāreb (m)	محارب
patriota (m)	waṭany (m)	وطني
herói (m)	baṭal (m)	بطل
heroína (f)	baṭala (f)	بطلة
traidor (m)	χāyen (m)	خاين
trair (vt)	χān	خان
desertor (m)	hāreb men el gondiya (m)	هارب من الجنديّة
desertar (vt)	farr men el geyʃ	فرّ من الجيش
mercenário (m)	ma'gūr (m)	مأجور
recruta (m)	gondy gedīd (m)	جنّدي جديد
voluntário (m)	motaṭawwe' (m)	متطوّع
morto (m)	'atīl (m)	قتيل
ferido (m)	garīḥ (m)	جريح
prisioneiro (m) de guerra	asīr ḥarb (m)	أسير حرب

112. Guerra. Ações militares. Parte 1

guerra (f)	ḥarb (f)	حرب
guerrear (vt)	ḥārab	حارب
guerra (f) civil	ḥarb ahliya (f)	حرب أهليّة
perfidamente	ɣadran	غدراً
declaração (f) de guerra	e'lān ḥarb (m)	إعلان حرب
declarar (vt) guerra	a'lan	أعلن
agressão (f)	'edwān (m)	عدوان
atacar (vt)	hagam	هجم
invadir (vt)	eḥtall	إحتلّ
invasor (m)	moḥtell (m)	محتلّ
conquistador (m)	fāteḥ (m)	فاتح
defesa (f)	defā' (m)	دفاع
defender (vt)	dāfa'	دافع
defender-se (vr)	dāfa' 'an ...	دافع عن ...
inimigo (m)	'adeww (m)	عدوّ
adversário (m)	χeṣm (m)	خصم
inimigo	'adeww	عدوّ
estratégia (f)	estrateʒiya (f)	إستراتيجيّة
tática (f)	taktīk (m)	تكتيك
ordem (f)	amr (m)	أمر
comando (m)	amr (m)	أمر
ordenar (vt)	amar	أمر
missão (f)	mohemma (f)	مهمّة
secreto	serry	سرّي
batalha (f)	ma'raka (f)	معركة
combate (m)	'etāl (m)	قتال
ataque (m)	hogūm (m)	هجوم
assalto (m)	enqeḍāḍ (m)	إنقضاض
assaltar (vt)	enqaḍḍ	إنقضّ
assédio, sítio (m)	ḥeṣār (m)	حصار
ofensiva (f)	hogūm (m)	هجوم
passar à ofensiva	hagam	هجم
retirada (f)	enseḥāb (m)	إنسحاب
retirar-se (vr)	ensaḥab	إنسحب
cerco (m)	eḥāṭa (f)	إحاطة
cercar (vt)	aḥāṭ	أحاط
bombardeio (m)	'aṣf (m)	قصف
lançar uma bomba	asqaṭ qonbola	أسقط قنبلة
bombardear (vt)	'aṣaf	قصف
explosão (f)	enfegār (m)	إنفجار
tiro (m)	ṭal'a (f)	طلقة

disparar um tiro	aṭlaq el nār	أطلق النار
tiroteio (m)	eṭlāq nār (m)	إطلاق نار
apontar para …	ṣawwab ʿala …	... صوّب على
apontar (vt)	ṣawwab	صوّب
acertar (vt)	aṣāb el hadaf	أصاب الهدف
afundar (um navio)	aɣraʾ	أغرق
brecha (f)	soqb (m)	ثقب
afundar-se (vr)	ɣereʾ	غرق
frente (m)	gabha (f)	جبهة
evacuação (f)	eχlāʾ (m)	إخلاء
evacuar (vt)	aχla	أخلى
trincheira (f)	χondoq (m)	خندق
arame (m) farpado	aslāk ʃāʾeka (pl)	أسلاك شائكة
obstáculo (m) anticarro	ḥāgez (m)	حاجز
torre (f) de vigia	borg moraʾba (m)	برج مراقبة
hospital (m)	mostaʃfa ʿaskary (m)	مستشفى عسكري
ferir (vt)	garaḥ	جرح
ferida (f)	garḥ (m)	جرح
ferido (m)	garīḥ (m)	جريح
ficar ferido	oṣīb bel garḥ	أصيب بالجرح
grave (ferida ~)	χaṭīr	خطير

113. Guerra. Ações militares. Parte 2

cativeiro (m)	asr (m)	أسر
capturar (vt)	asar	أسر
estar em cativeiro	etʾasar	أتأسر
ser aprisionado	weʾeʿ fel asr	وقع في الأسر
campo (m) de concentração	moʿaskar eʿteqāl (m)	معسكر إعتقال
prisioneiro (m) de guerra	asīr ḥarb (m)	أسير حرب
escapar (vi)	hereb	هرب
trair (vt)	χān	خان
traidor (m)	χāyen (m)	خاين
traição (f)	χeyāna (f)	خيانة
fuzilar, executar (vt)	aʿdam ramyan bel roṣāṣ	أعدم رمياً بالرصاص
fuzilamento (m)	eʿdām ramyan bel roṣāṣ (m)	إعدام رمياً بالرصاص
equipamento (m)	el ʿetād el ʿaskary (m)	العتاد العسكري
platina (f)	kattāfa (f)	كتافة
máscara (f) antigás	qenāʿ el ɣāz (m)	قناع الغاز
rádio (m)	gehāz lāselky (m)	جهاز لاسلكي
cifra (f), código (m)	ʃafra (f)	شفرة
conspiração (f)	serriya (f)	سرّية
senha (f)	kelmet el morūr (f)	كلمة مرور
mina (f)	loɣz arāḍy (m)	لغم أرضي

minar (vt)	lagɣam	لغّم
campo (m) minado	ḥaql alɣām (m)	حقل ألغام
alarme (m) aéreo	enzār gawwy (m)	إنذار جوّي
alarme (m)	enzār (m)	إنذار
sinal (m)	eʃara (f)	إشارة
sinalizador (m)	eʃāra moḍī'a (f)	إشارة مضيئة
estado-maior (m)	maqarr (m)	مقرّ
reconhecimento (m)	kaʃāfet el esteṭlā' (f)	كشّافة الإستطلاع
situação (f)	ḥāla (f), waḍ' (m)	حالة, وضع
relatório (m)	ta'rīr (m)	تقرير
emboscada (f)	kamīn (m)	كمين
reforço (m)	emdadāt 'askariya (pl)	إمدادات عسكريّة
alvo (m)	hadaf (m)	هدف
campo (m) de tiro	arḍ eχtebār (m)	أرض إختبار
manobras (f pl)	monawrāt 'askariya (pl)	مناورات عسكريّة
pânico (m)	zo'r (m)	ذعر
devastação (f)	damār (m)	دمار
ruínas (f pl)	ḥeṭām (pl)	حطام
destruir (vt)	dammar	دمّر
sobreviver (vi)	negy	نجي
desarmar (vt)	garrad men el selāḥ	جرّد من السلاح
manusear (vt)	esta'mel	إستعمل
Firmes!	entebāh!	إنتباه!
Descansar!	estareḥ!	إسترح!
façanha (f)	ma'sara (f)	مأثرة
juramento (m)	qasam (m)	قسم
jurar (vi)	aqsam	أقسم
condecoração (f)	wesām (m)	وسام
condecorar (vt)	manaḥ	منح
medalha (f)	medalya (f)	ميدالية
ordem (f)	wesām 'askary (m)	وسام عسكري
vitória (f)	enteṣār - foze (m)	إنتصار, فوز
derrota (f)	hazīma (f)	هزيمة
armistício (m)	hodna (f)	هدنة
bandeira (f)	rāyet el ma'raka (f)	راية المعركة
glória (f)	magd (m)	مجد
desfile (m) militar	mawkeb (m)	موكب
marchar (vi)	sār	سار

114. Armas

arma (f)	asleḥa (pl)	أسلحة
arma (f) de fogo	asleḥa nāriya (pl)	أسلحة ناريّة
arma (f) branca	asleḥa bayḍā' (pl)	أسلحة بيضاء

arma (f) química	asleḥa kemawiya (pl)	أسلحة كيماويّة
nuclear	nawawy	نووي
arma (f) nuclear	asleḥa nawawiya (pl)	أسلحة نوويّة
bomba (f)	qonbela (f)	قنبلة
bomba (f) atómica	qonbela nawawiya (f)	قنبلة نوويّة
pistola (f)	mosaddas (m)	مسدّس
caçadeira (f)	bondoqiya (f)	بندقيّة
pistola-metralhadora (f)	mosaddas rasʃāʃ (m)	مسدّس رشّاش
metralhadora (f)	rasʃāʃ (m)	رشّاش
boca (f)	fawha (f)	فوهة
cano (m)	anbūba (f)	أنبوبة
calibre (m)	ʿeyār (m)	عيار
gatilho (m)	zanād (m)	زناد
mira (f)	moṣawweb (m)	مصوّب
carregador (m)	maχzan (m)	مخزن
coronha (f)	ʿaqab el bondoʾiya (m)	عقب البندقيّة
granada (f) de mão	qonbela yadawiya (f)	قنبلة يدويّة
explosivo (m)	mawād motafaggera (pl)	مواد متفجّرة
bala (f)	roṣāṣa (f)	رصاصة
cartucho (m)	χarṭūʃa (f)	خرطوشة
carga (f)	ḥaʃwa (f)	حشوة
munições (f pl)	zaχīra (f)	ذخيرة
bombardeiro (m)	qazefet qanābel (f)	قاذفة قنابل
avião (m) de caça	ṭayāra muqātela (f)	طيّارة مقاتلة
helicóptero (m)	heliokobter (m)	هليكوبتر
canhão (m) antiaéreo	madfaʿ moḍād lel ṭaʾerāṭ (m)	مدفع مضاد للطائرات
tanque (m)	dabbāba (f)	دبّابة
canhão (de um tanque)	madfaʿ el dabbāba (m)	مدفع الدبّابة
artilharia (f)	madfaʿiya (f)	مدفعيّة
canhão (m)	madfaʿ (m)	مدفع
fazer a pontaria	ṣawwab	صوّب
obus (m)	qazīfa (f)	قذيفة
granada (f) de morteiro	qonbela hawn (f)	قنبلة هاون
morteiro (m)	hawn (m)	هاون
estilhaço (m)	ʃazya (f)	شظية
submarino (m)	ɣawwāṣa (f)	غوّاصة
torpedo (m)	ṭorbīd (m)	طوربيد
míssil (m)	ṣarūχ (m)	صاروخ
carregar (uma arma)	ʿammar	عمّر
atirar, disparar (vi)	ḍarab bel nār	ضرب بالنار
apontar para ...	ṣawwab ʿala ...	... صوّب على
baioneta (f)	ḥerba (f)	حربة
espada (f)	seyf zu ḥaddeyn (m)	سيف ذو حدّين
sabre (m)	seyf monḥany (m)	سيف منحني

lança (f)	remḥ (m)	رمح
arco (m)	qose (m)	قوس
flecha (f)	sahm (m)	سهم
mosquete (m)	musket (m)	مسكيت
besta (f)	qose mosta'raḍ (m)	قوس مستعرض

115. Povos da antiguidade

primitivo	bedā'y	بدائي
pré-histórico	ma qabl el tarīχ	ما قبل التاريخ
antigo	'adīm	قديم
Idade (f) da Pedra	el 'aṣr el ḥagary (m)	العصر الحجري
Idade (f) do Bronze	el 'aṣr el bronzy (m)	العصر البرونزي
período (m) glacial	el 'aṣr el galīdy (m)	العصر الجليدي
tribo (f)	qabīla (f)	قبيلة
canibal (m)	'ākel loḥūm el baʃar (m)	آكل لحوم البشر
caçador (m)	ṣayād (m)	صيّاد
caçar (vi)	eṣṭād	إصطاد
mamute (m)	mamūθ (m)	ماموث
caverna (f)	kahf (m)	كهف
fogo (m)	nār (f)	نار
fogueira (f)	nār moχayem (m)	نار مخيّم
pintura (f) rupestre	rasm fel kahf (m)	رسم في الكهف
ferramenta (f)	adah (f)	أداة
lança (f)	remḥ (m)	رمح
machado (m) de pedra	fa's ḥagary (m)	فأس حجري
guerrear (vt)	ḥārab	حارب
domesticar (vt)	esta'nas	استئنس
ídolo (m)	ṣanam (m)	صنم
adorar, venerar (vt)	'abad	عبد
superstição (f)	χorāfa (f)	خرافة
ritual (m)	mansak (m)	منسك
evolução (f)	taṭṭawwor (m)	تطوّر
desenvolvimento (m)	nomoww (m)	نموّ
desaparecimento (m)	enqerāḍ (m)	إنقراض
adaptar-se (vr)	takayaf (ma')	تكيّف (مع)
arqueologia (f)	'elm el 'āsār (m)	علم الآثار
arqueólogo (m)	'ālem āsār (m)	عالم آثار
arqueológico	asary	أثري
local (m) das escavações	mawqe' ḥafr (m)	موّقع حفر
escavações (f pl)	tanqīb (m)	تنقيب
achado (m)	ekteʃāf (m)	إكتشاف
fragmento (m)	'eṭ'a (f)	قطعة

116. Idade média

povo (m)	ʃa'b (m)	شعب
povos (m pl)	ʃo'ūb (pl)	شعوب
tribo (f)	qabīla (f)	قبيلة
tribos (f pl)	qabā'el (pl)	قبائل
bárbaros (m pl)	el barabra (pl)	البرابرة
gauleses (m pl)	el ɣaliyūn (pl)	الغاليّون
godos (m pl)	el qūṭiyūn (pl)	القوطيون
eslavos (m pl)	el selāf (pl)	السلاف
víquingues (m pl)	el viking (pl)	الفايكينج
romanos (m pl)	el romān (pl)	الرومان
romano	romāny	روماني
bizantinos (m pl)	bizanṭiyūn (pl)	بيزنطيون
Bizâncio	bīzanṭa (f)	بيزنطة
bizantino	bīzanṭy	بيزنطي
imperador (m)	embraṭore (m)	إمبراطور
líder (m)	za'īm (m)	زعيم
poderoso	gabbār	جبّار
rei (m)	malek (m)	ملك
governante (m)	ḥākem (m)	حاكم
cavaleiro (m)	fāres (m)	فارس
senhor feudal (m)	eqṭā'y (m)	إقطاعي
feudal	eqṭā'y	إقطاعي
vassalo (m)	ḥākem tābe' (m)	حاكم تابع
duque (m)	dū' (m)	دوق
conde (m)	earl (m)	ايرل
barão (m)	barūn (m)	بارون
bispo (m)	asqof (m)	أسقف
armadura (f)	der' (m)	درع
escudo (m)	der' (m)	درع
espada (f)	seyf (m)	سيف
viseira (f)	ḥaffa amamiya lel χoza (f)	حافة أماميّة للخوذة
cota (f) de malha	der' el zard (m)	درع الزرد
cruzada (f)	ḥamla ṣalībiya (f)	حملة صليبيّة
cruzado (m)	ṣalīby (m)	صليبي
território (m)	arḍ (f)	أرض
atacar (vt)	hagam	هجم
conquistar (vt)	fataḥ	فتح
ocupar, invadir (vt)	eḥtall	إحتلّ
assédio, sítio (m)	ḥeṣār (m)	حصار
sitiado	moḥāṣar	محاصر
assediar, sitiar (vt)	ḥāṣar	حاصر
inquisição (f)	maḥākem el taftīʃ (pl)	محاكم التفتيش
inquisidor (m)	mofatteʃ (m)	مفتّش

tortura (f)	ta'zīb (m)	تعذيب
cruel	waḥʃy	وحشي
herege (m)	moharṭeq (m)	مهرطق
heresia (f)	harṭa'a (f)	هرطقة
navegação (f) marítima	el safar bel baḥr (m)	السفر بالبحر
pirata (m)	'orṣān (m)	قرصان
pirataria (f)	'arṣana (f)	قرصنة
abordagem (f)	mohagmet safīna (f)	مهاجمة سفينة
presa (f), butim (m)	ɣanīma (f)	غنيمة
tesouros (m pl)	konūz (pl)	كنوز
descobrimento (m)	ekteʃāf (m)	إكتشاف
descobrir (novas terras)	ektaʃaf	إكتشف
expedição (f)	be'sa (f)	بعثة
mosqueteiro (m)	fāres (m)	فارس
cardeal (m)	kardinal (m)	كاردينال
heráldica (f)	ʃe'ārāt el nabāla (pl)	شعارات النبالة
heráldico	χāṣṣ be ʃe'arāt el nebāla	خاصّ بشعارات النبالة

117. Líder. Chefe. Autoridades

rei (m)	malek (m)	ملك
rainha (f)	maleka (f)	ملكة
real	malaky	ملكي
reino (m)	mamlaka (f)	مملكة
príncipe (m)	amīr (m)	أمير
princesa (f)	amīra (f)	أميرة
presidente (m)	ra'īs (m)	رئيس
vice-presidente (m)	nā'eb el ra'īs (m)	نائب الرئيس
senador (m)	'oḍw magles el ʃoyūχ (m)	عضو مجلس الشيوخ
monarca (m)	'āhel (m)	عاهل
governante (m)	ḥākem (m)	حاكم
ditador (m)	dektatore (m)	ديكتاتور
tirano (m)	ṭāɣeya (f)	طاغية
magnata (m)	ra'smāly kebīr (m)	رأسمالي كبير
diretor (m)	modīr (m)	مدير
chefe (m)	ra'īs (m)	رئيس
dirigente (m)	modīr (m)	مدير
patrão (m)	ra'īs (m)	رئيس
dono (m)	ṣāḥeb (m)	صاحب
líder, chefe (m)	za'īm (m)	زعيم
chefe (~ de delegação)	ra'īs (m)	رئيس
autoridades (f pl)	solṭāt (pl)	سلطات
superiores (m pl)	ro'asā' (pl)	رؤساء
governador (m)	muḥāfeẓ (m)	محافظ
cônsul (m)	qonṣol (m)	قنصل

diplomata (m)	deblomāsy (m)	دبلوماسي
Presidente (m) da Câmara	ra'īs el baladiya (m)	رئيس البلديّة
xerife (m)	ʃerīf (m)	شريف
imperador (m)	embraṭore (m)	إمبراطور
czar (m)	qayṣar (m)	قيصر
faraó (m)	fer'one (m)	فرعون
cã (m)	χān (m)	خان

118. Viloação da lei. Criminosos. Parte 1

bandido (m)	qāṭe' ṭarī' (m)	قاطع طريق
crime (m)	garīma (f)	جريمة
criminoso (m)	mogrem (m)	مجرم
ladrão (m)	sāre' (m)	سارق
roubar (vt)	sara'	سرق
furto, roubo (m)	ser'a (f)	سرقة
raptar (ex. ~ uma criança)	χaṭaf	خطف
rapto (m)	χaṭf (m)	خطف
raptor (m)	χāṭef (m)	خاطف
resgate (m)	fedya (f)	فدية
pedir resgate	ṭalab fedya	طلب فدية
roubar (vt)	nahab	نهب
assalto, roubo (m)	nahb (m)	نهب
assaltante (m)	nahhāb (m)	نهّاب
extorquir (vt)	balṭag	بلطج
extorsionário (m)	balṭagy (m)	بلطجي
extorsão (f)	balṭaga (f)	بلطجة
matar, assassinar (vt)	'atal	قتل
homicídio (m)	'atl (m)	قتل
homicida, assassino (m)	qātel (m)	قاتل
tiro (m)	ṭal'et nār (f)	طلقة نار
dar um tiro	aṭlaq el nār	أطلق النار
matar a tiro	'atal bel roṣāṣ	قتل بالرصاص
atirar, disparar (vi)	ḍarab bel nār	ضرب بالنار
tiroteio (m)	ḍarb nār (m)	ضرب نار
incidente (m)	ḥādes (m)	حادث
briga (~ de rua)	χenā'a (f)	خناقة
Socorro!	sā'idni	ساعدني!
vítima (f)	ḍaḥiya (f)	ضحيّة
danificar (vt)	χarrab	خرّب
dano (m)	χesāra (f)	خسارة
cadáver (m)	gossa (f)	جثّة
grave	χaṭīra	خطيرة
atacar (vt)	hagam	هجم

bater (espancar)	ḍarab	ضرب
espancar (vt)	ḍarab	ضرب
tirar, roubar (dinheiro)	salab	سلب
esfaquear (vt)	ṭa'an ḥatta el mote	طعن حتّى الموت
mutilar (vt)	ʃawwah	شوّه
ferir (vt)	garaḥ	جرح
chantagem (f)	ebtezāz (m)	إبتزاز
chantagear (vt)	ebtazz	إبتزّ
chantagista (m)	mobtazz (m)	مبتزّ
extorsão (em troca de proteção)	balṭaga (f)	بلطجة
extorsionário (m)	mobtazz (m)	مبتزّ
gângster (m)	ragol 'eṣāba (m)	رجل عصابة
máfia (f)	mafia (f)	مافيا
carteirista (m)	nasʃāl (m)	نشّال
assaltante, ladrão (m)	leṣṣ beyūt (m)	لص بيوت
contrabando (m)	tahrīb (m)	تهريب
contrabandista (m)	moharreb (m)	مهرّب
falsificação (f)	tazwīr (m)	تزوير
falsificar (vt)	zawwar	زوّر
falsificado	mozawwara	مزوّرة

119. Viloação da lei. Criminosos. Parte 2

violação (f)	eɣteṣāb (m)	إغتصاب
violar (vt)	eɣtaṣab	إغتصب
violador (m)	moɣtaṣeb (m)	مغتصب
maníaco (m)	mahwūs (m)	مهووس
prostituta (f)	mommos (f)	مومّس
prostituição (f)	da'āra (f)	دعارة
chulo (m)	qawwād (m)	قوّاد
toxicodependente (m)	modmen moχaddarāt (m)	مدمن مخدّرات
traficante (m)	tāger moχaddarāt (m)	تاجر مخدّرات
explodir (vt)	faggar	فجّر
explosão (f)	enfegār (m)	إنفجار
incendiar (vt)	aʃ'al el nār	أشعل النار
incendiário (m)	moʃ'el ḥarīq 'an 'amd (m)	مشعل حريق عن عمد
terrorismo (m)	erhāb (m)	إرهاب
terrorista (m)	erhāby (m)	إرهابي
refém (m)	rahīna (m)	رهينة
enganar (vt)	eḥtāl	إحتال
engano (m)	eḥteyāl (m)	إحتيال
vigarista (m)	moḥtāl (m)	محتال
subornar (vt)	raʃa	رشا
suborno (atividade)	erteʃā' (m)	إرتشاء

suborno (dinheiro)	raʃwa (f)	رشوة
veneno (m)	semm (m)	سمّ
envenenar (vt)	sammem	سمّم
envenenar-se (vr)	sammem nafsoh	سمّم نفسه
suicídio (m)	enteḥār (m)	إنتحار
suicida (m)	montaḥer (m)	منتحر
ameaçar (vt)	hadded	هدّد
ameaça (f)	tahdīd (m)	تهديد
atentar contra a vida de …	ḥāwel eɣteyāl	حاول إغتيال
atentado (m)	moḥawlet eɣteyāl (f)	محاولة إغتيال
roubar (o carro)	sara'	سرق
desviar (o avião)	eχtaṭaf	إختطف
vingança (f)	enteqām (m)	إنتقام
vingar (vt)	entaqam	إنتقم
torturar (vt)	'azzeb	عذّب
tortura (f)	ta'zīb (m)	تعذيب
atormentar (vt)	'azzeb	عذّب
pirata (m)	'orṣān (m)	قرصان
desordeiro (m)	wabaʃ (m)	وبش
armado	mosallaḥ	مسلّح
violência (f)	'onf (m)	عنف
ilegal	meʃ qanūniy	مش قانونيّ
espionagem (f)	tagassas (m)	تجسّس
espionar (vi)	tagassas	تجسّس

120. Polícia. Lei. Parte 1

justiça (f)	qaḍā' (m)	قضاء
tribunal (m)	maḥkama (f)	محكمة
juiz (m)	qāḍy (m)	قاضي
jurados (m pl)	moḥallafīn (pl)	محلّفين
tribunal (m) do júri	qaḍā' el muḥallafīn (m)	قضاء المحلّفين
julgar (vt)	ḥakam	حكم
advogado (m)	muḥāmy (m)	محامي
réu (m)	modda'y 'aleyh (m)	مدّعي عليه
banco (m) dos réus	'afaṣ el ettehām (m)	قفص الإتّهام
acusação (f)	ettehām (m)	إتّهام
acusado (m)	mottaham (m)	متّهم
sentença (f)	ḥokm (m)	حكم
sentenciar (vt)	ḥakam	حكم
culpado (m)	gāny (m)	جاني
punir (vt)	'āqab	عاقب

punição (f)	ʿeqāb (m)	عقاب
multa (f)	ɣarāma (f)	غرامة
prisão (f) perpétua	segn mada el ḥayah (m)	سجن مدى الحياة
pena (f) de morte	ʿoqūbet ʾeʿdām (f)	عقوبة إعدام
cadeira (f) elétrica	el korsy el kaharabāʾy (m)	الكرسي الكهربائي
forca (f)	maʃnaʾa (f)	مشنقة
executar (vt)	aʿdam	أعدم
execução (f)	eʿdām (m)	إعدام
prisão (f)	segn (m)	سجن
cela (f) de prisão	zenzāna (f)	زنزانة
escolta (f)	ḥerāsa (f)	حراسة
guarda (m) prisional	ḥāres segn (m)	حارس سجن
preso (m)	sagīn (m)	سجين
algemas (f pl)	kalabʃāt (pl)	كلابشات
algemar (vt)	kalbeʃ	كلبش
fuga, evasão (f)	horūb men el segn (m)	هروب من السجن
fugir (vi)	hereb	هرب
desaparecer (vi)	eχtafa	إختفى
soltar, libertar (vt)	aχla sabīl	أخلى سبيل
amnistia (f)	ʿafw ʿām (m)	عفو عام
polícia (instituição)	ʃorṭa (f)	شرطة
polícia (m)	ʃorṭy (m)	شرطي
esquadra (f) de polícia	qesm ʃorṭa (m)	قسم شرطة
cassetete (m)	ʿaṣāya maṭṭāṭiya (f)	عصاية مطّاطية
megafone (m)	būʾ (m)	بوق
carro (m) de patrulha	ʿarabiyet dawrīāt (f)	عربيّة دوريات
sirene (f)	sarīna (f)	سرينة
ligar a sirene	wallaʿ el sarīna	ولّع السرينة
toque (m) da sirene	ṣote sarīna (m)	صوت سرينة
cena (f) do crime	masraḥ el garīma (m)	مسرح الجريمة
testemunha (f)	ʃāhed (m)	شاهد
liberdade (f)	ḥorriya (f)	حرّية
cúmplice (m)	ʃerīk fel garīma (m)	شريك في الجريمة
escapar (vi)	hereb	هرب
traço (não deixar ~s)	asar (m)	أثر

121. Polícia. Lei. Parte 2

procura (f)	baḥs (m)	بحث
procurar (vt)	dawwar ʿala	دوّر على
suspeita (f)	ʃobha (f)	شبهة
suspeito	maʃbūh	مشبوه
parar (vt)	awqaf	أوقّف
deter (vt)	eʿtaqal	إعتقل
caso (criminal)	ʾaḍiya (f)	قضيّة
investigação (f)	taḥʾīʾ (m)	تحقيق

detetive (m)	moḥaqqeq (m)	محقّق
investigador (m)	mofatteʃ (m)	مفتّش
versão (f)	rewāya (f)	رواية
motivo (m)	dāfeʿ (m)	دافع
interrogatório (m)	estegwāb (m)	إستجواب
interrogar (vt)	estagweb	إستجوّب
questionar (vt)	estanṭaʾ	إستنطق
verificação (f)	faḥṣ (m)	فحص
batida (f) policial	gamʿ (m)	جمع
busca (f)	taftīʃ (m)	تفتيش
perseguição (f)	moṭarda (f)	مطاردة
perseguir (vt)	ṭārad	طارد
seguir (vt)	tatabbaʿ	تتبّع
prisão (f)	eʿteqāl (m)	إعتقال
prender (vt)	eʿtaqal	اعتقل
pegar, capturar (vt)	ʾabaḍ ʿala	قبض على
captura (f)	ʾabḍ (m)	قبض
documento (m)	wasīqa (f)	وثيقة
prova (f)	dalīl (m)	دليل
provar (vt)	asbat	أثبت
pegada (f)	baṣma (f)	بصمة
impressões (f pl) digitais	baṣamāt el aṣābeʿ (pl)	بصمات الأصابع
prova (f)	ʾeṭʿa men el adella (f)	قطعة من الأدلّة
álibi (m)	ḥegget ɣeyāb (f)	حجّة غياب
inocente	barīʾ	بريء
injustiça (f)	ẓolm (m)	ظلم
injusto	meʃ ʿādel	مش عادل
criminal	mogrem	مجرم
confiscar (vt)	ṣādar	صادر
droga (f)	moχaddarāt (pl)	مخدّرات
arma (f)	selāḥ (m)	سلاح
desarmar (vt)	garrad men el selāḥ	جرّد من السلاح
ordenar (vt)	amar	أمر
desaparecer (vi)	eχtafa	إختفى
lei (f)	qanūn (m)	قانون
legal	qanūny	قانوني
ilegal	meʃ qanūny	مش قانوني
responsabilidade (f)	masʾoliya (f)	مسؤوليّة
responsável	masʾūl (m)	مسؤول

NATUREZA

A Terra. Parte 1

122. Espaço sideral

cosmos (m)	faḍā' (m)	فضاء
cósmico	faḍā'y	فضائي
espaço (m) cósmico	el faḍā' el χāregy (m)	الفضاء الخارجي
mundo (m)	'ālam (m)	عالم
universo (m)	el kōn (m)	الكون
galáxia (f)	el magarra (f)	المجرّة
estrela (f)	negm (m)	نجم
constelação (f)	borg (m)	برج
planeta (m)	kawwkab (m)	كوكب
satélite (m)	'amar ṣenā'y (m)	قمر صناعي
meteorito (m)	nayzek (m)	نيزك
cometa (m)	mozannab (m)	مذنّب
asteroide (m)	kowaykeb (m)	كويكب
órbita (f)	madār (m)	مدار
girar (vi)	dār	دار
atmosfera (f)	el ɣelāf el gawwy (m)	الغلاف الجوّي
Sol (m)	el ʃams (f)	الشمس
Sistema (m) Solar	el magmū'a el ʃamsiya (f)	المجموعة الشمسيّة
eclipse (m) solar	kosūf el ʃams (m)	كسوف الشمس
Terra (f)	el arḍ (f)	الأرض
Lua (f)	el 'amar (m)	القمر
Marte (m)	el marrīχ (m)	المرّيخ
Vénus (f)	el zahra (f)	الزهرة
Júpiter (m)	el moʃtary (m)	المشتري
Saturno (m)	zoḥḥol (m)	زحل
Mercúrio (m)	'aṭāred (m)	عطارد
Urano (m)	uranus (m)	اورانوس
Neptuno (m)	nibtūn (m)	نبتون
Plutão (m)	bluto (m)	بلوتو
Via Láctea (f)	darb el tebbāna (m)	درب التبّانة
Ursa Maior (f)	el dobb el akbar (m)	الدب الأكبر
Estrela Polar (f)	negm el 'oṭb (m)	نجم القطب
marciano (m)	sāken el marrīχ (m)	ساكن المرّيخ
extraterrestre (m)	faḍā'y (m)	فضائي

alienígena (m)	kā'en faḍā'y (m)	كائن فضائي
disco (m) voador	ṭaba' ṭā'er (m)	طبق طائر
nave (f) espacial	markaba faḍa'iya (f)	مركبة فضائية
estação (f) orbital	maḥaṭṭet faḍā' (f)	محطّة فضاء
lançamento (m)	enṭelāq (m)	إنطلاق
motor (m)	motore (m)	موتور
bocal (m)	manfaθ (m)	منفث
combustível (m)	woqūd (m)	وقود
cabine (f)	kabīna (f)	كابينة
antena (f)	hawā'y (m)	هوائي
vigia (f)	kowwa mostadīra (f)	كوّة مستديرة
bateria (f) solar	lawḥa ʃamsiya (f)	لوحة شمسيّة
traje (m) espacial	badlet el faḍā' (f)	بدلة الفضاء
imponderabilidade (f)	en'edām wazn (m)	إنعدام الوزن
oxigénio (m)	oksiʒīn (m)	أوكسجين
acoplagem (f)	rasw (m)	رسو
fazer uma acoplagem	rasa	رسى
observatório (m)	marṣad (m)	مرصد
telescópio (m)	teleskop (m)	تلسكوب
observar (vt)	rāqab	راقب
explorar (vt)	estakʃef	إستكشف

123. A Terra

Terra (f)	el arḍ (f)	الأرض
globo terrestre (Terra)	el kora el arḍiya (f)	الكرة الأرضيّة
planeta (m)	kawwkab (m)	كوكب
atmosfera (f)	el ɣelāf el gawwy (m)	الغلاف الجوّي
geografia (f)	goɣrafia (f)	جغرافيا
natureza (f)	ṭabee'a (f)	طبيعة
globo (mapa esférico)	namūzag lel kora el arḍiya (m)	نموذج للكرة الأرضيّة
mapa (m)	χarīṭa (f)	خريطة
atlas (m)	aṭlas (m)	أطلس
Europa (f)	orobba (f)	أوروبّا
Ásia (f)	asya (f)	آسيا
África (f)	afreqia (f)	أفريقيا
Austrália (f)	ostorālya (f)	أستراليا
América (f)	amrīka (f)	أمريكا
América (f) do Norte	amrīka el ʃamaliya (f)	أمريكا الشماليّة
América (f) do Sul	amrīka el ganūbiya (f)	أمريكا الجنوبيّة
Antártida (f)	el qoṭb el ganūby (m)	القطب الجنوبي
Ártico (m)	el qoṭb el ʃamāly (m)	القطب الشمالي

124. Pontos cardeais

norte (m)	ʃemāl (m)	شمال
para norte	lel ʃamāl	للشمال
no norte	fel ʃamāl	في الشمال
do norte	ʃamāly	شمالي
sul (m)	ganūb (m)	جنوب
para sul	lel ganūb	للجنوب
no sul	fel ganūb	في الجنوب
do sul	ganūby	جنوبي
oeste, ocidente (m)	ɣarb (m)	غرب
para oeste	lel ɣarb	للغرب
no oeste	fel ɣarb	في الغرب
ocidental	ɣarby	غربي
leste, oriente (m)	ʃarʾ (m)	شرق
para leste	lel ʃarʾ	للشرق
no leste	fel ʃarʾ	في الشرق
oriental	ʃarʾy	شرقي

125. Mar. Oceano

mar (m)	baḥr (m)	بحر
oceano (m)	moḥīṭ (m)	محيط
golfo (m)	χalīg (m)	خليج
estreito (m)	maḍīq (m)	مضيق
terra (f) firme	barr (m)	برّ
continente (m)	qārra (f)	قارّة
ilha (f)	gezīra (f)	جزيرة
península (f)	ʃebh gezeyra (f)	شبه جزيرة
arquipélago (m)	magmūʿet gozor (f)	مجموعة جزر
baía (f)	χalīg (m)	خليج
porto (m)	mināʾ (m)	ميناء
lagoa (f)	lagūn (m)	لاجون
cabo (m)	raʾs (m)	رأس
atol (m)	gezīra morganiya estwaʾiya (f)	جزيرة مرجانية إستوائيّة
recife (m)	ʃoʿāb (pl)	شعاب
coral (m)	morgān (m)	مرجان
recife (m) de coral	ʃoʿāb morganiya (pl)	شعاب مرجانية
profundo	ʿamīq	عميق
profundidade (f)	ʿomq (m)	عمق
abismo (m)	el ʿomq el saḥīq (m)	العمق السحيق
fossa (f) oceânica	χondoq (m)	خندق
corrente (f)	tayār (m)	تيّار
banhar (vt)	ḥāṭ	حاط
litoral (m)	sāḥel (m)	ساحل

costa (f)	sāḥel (m)	ساحل
maré (f) alta	tayār (m)	تيّار
refluxo (m), maré (f) baixa	gozor (m)	جزر
restinga (f)	meyāh ḍaḥla (f)	مياه ضحلة
fundo (m)	qāʿ (m)	قاع
onda (f)	mouga (f)	موجة
crista (f) da onda	qemma (f)	قمّة
espuma (f)	zabad el baḥr (m)	زبد البحر
tempestade (f)	ʿāṣefa (f)	عاصفة
furacão (m)	eʿṣār (m)	إعصار
tsunami (m)	tsunāmy (m)	تسونامي
calmaria (f)	hodūʾ (m)	هدوء
calmo	hady	هادئ
polo (m)	ʾoṭb (m)	قطب
polar	ʾoṭby	قطبي
latitude (f)	ʿarḍ (m)	عرض
longitude (f)	χaṭṭ ṭūl (m)	خطّ طول
paralela (f)	motawāz (m)	متواز
equador (m)	χaṭṭ el estewāʾ (m)	خطّ الإستواء
céu (m)	samāʾ (f)	سماء
horizonte (m)	ofoq (m)	أفق
ar (m)	hawāʾ (m)	هواء
farol (m)	manāra (f)	منارة
mergulhar (vi)	ɣāṣ	غاص
afundar-se (vr)	ɣereʾ	غرق
tesouros (m pl)	konūz (pl)	كنوز

126. Nomes de Mares e Oceanos

Oceano (m) Atlântico	el moḥeyṭ el aṭlanty (m)	المحيط الأطلنطي
Oceano (m) Índico	el moḥeyṭ el hendy (m)	المحيط الهندي
Oceano (m) Pacífico	el moḥeyṭ el hādy (m)	المحيط الهادي
Oceano (m) Ártico	el moḥeyṭ el motagammed el ʃamāly (m)	المحيط المتجمّد الشمالي
Mar (m) Negro	el baḥr el aswad (m)	البحر الأسود
Mar (m) Vermelho	el baḥr el aḥmar (m)	البحر الأحمر
Mar (m) Amarelo	el baḥr el aṣfar (m)	البحر الأصفر
Mar (m) Branco	el baḥr el abyaḍ (m)	البحر الأبيض
Mar (m) Cáspio	baḥr qazwīn (m)	بحر قزوين
Mar (m) Morto	el baḥr el mayet (m)	البحر الميّت
Mar (m) Mediterrâneo	el baḥr el abyaḍ el motawasseṭ (m)	البحر الأبيض المتوسّط
Mar (m) Egeu	baḥr eygah (m)	بحر إيجة
Mar (m) Adriático	el baḥr el adreyatīky (m)	البحر الأدرياتيكي
Mar (m) Arábico	baḥr el ʿarab (m)	بحر العرب

Mar (m) do Japão	baḥr el yabān (m)	بحر اليابان
Mar (m) de Bering	baḥr bering (m)	بحر بيرينغ
Mar (m) da China Meridional	baḥr el ṣeyn el ganūby (m)	بحر الصين الجنوبي
Mar (m) de Coral	baḥr el morgān (m)	بحر المرجان
Mar (m) de Tasman	baḥr tazman (m)	بحر تسمان
Mar (m) do Caribe	el baḥr el karību (m)	البحر الكاريبي
Mar (m) de Barents	baḥr barents (m)	بحر بارنتس
Mar (m) de Kara	baḥr kara (m)	بحر كارا
Mar (m) do Norte	baḥr el ʃamāl (m)	بحر الشمال
Mar (m) Báltico	baḥr el balṭīq (m)	بحر البلطيق
Mar (m) da Noruega	baḥr el nerwīg (m)	بحر النرويج

127. Montanhas

montanha (f)	gabal (m)	جبل
cordilheira (f)	selselet gebāl (f)	سلسلة جبال
serra (f)	notū' el gabal (m)	نتوء الجبل
cume (m)	qemma (f)	قمّة
pico (m)	qemma (f)	قمّة
sopé (m)	asfal (m)	أسفل
declive (m)	monḥadar (m)	منحدر
vulcão (m)	borkān (m)	بركان
vulcão (m) ativo	borkān naʃeṭ (m)	بركان نشط
vulcão (m) extinto	borkān χāmed (m)	بركان خامد
erupção (f)	sawarān (m)	ثوّران
cratera (f)	fawhet el borkān (f)	فوهة البركان
magma (m)	magma (f)	ماجما
lava (f)	ḥomam borkāniya (pl)	حمم بركانية
fundido (lava ~a)	monṣahera	منصهرة
desfiladeiro (m)	wādy ḍaye' (m)	وادي ضيّق
garganta (f)	mamarr ḍaye' (m)	ممرّ ضيّق
fenda (f)	ʃa'' (m)	شقّ
precipício (m)	hāwya (f)	هاوية
passo, colo (m)	mamarr gabaly (m)	ممرّ جبلي
planalto (m)	haḍaba (f)	هضبة
falésia (f)	garf (m)	جرف
colina (f)	tall (m)	تلّ
glaciar (m)	nahr galīdy (m)	نهر جليدي
queda (f) d'água	ʃallāl (m)	شلّال
géiser (m)	nab' maya ḥāra (m)	نبع ميّة حارة
lago (m)	boḥeyra (f)	بحيرة
planície (f)	sahl (m)	سهل
paisagem (f)	manzar ṭabee'y (m)	منظر طبيعي
eco (m)	ṣada (m)	صدى

alpinista (m)	motasalleq el gebāl (m)	متسلّق الجبال
escalador (m)	motasalleq ṣoχūr (m)	متسلّق صخور
conquistar (vt)	taɣallab ʿala	تغلّب على
subida, escalada (f)	tasalloq (m)	تسلّق

128. Nomes de montanhas

Alpes (m pl)	gebāl el alb (pl)	جبال الألب
monte Branco (m)	mōn blōn (m)	مون بلون
Pirineus (m pl)	gebāl el barānes (pl)	جبال البرانس
Cárpatos (m pl)	gebāl el karbāt (pl)	جبال الكاربات
montes (m pl) Urais	gebāl el urāl (pl)	جبال الأورال
Cáucaso (m)	gebāl el qoqāz (pl)	جبال القوقاز
Elbrus (m)	gabal elbrus (m)	جبل إلبروس
Altai (m)	gebāl altāy (pl)	جبال ألتاي
Tian Shan (m)	gebāl tian ʃan (pl)	جبال تيان شان
Pamir (m)	gebāl bamir (pl)	جبال بامير
Himalaias (m pl)	himalāya (pl)	هيمالايا
monte (m) Everest	gabal everest (m)	جبل افرست
Cordilheira (f) dos Andes	gebāl el andīz (pl)	جبال الأنديز
Kilimanjaro (m)	gabal kilimanʒaro (m)	جبل كليمنجارو

129. Rios

rio (m)	nahr (m)	نهر
fonte, nascente (f)	ʿeyn (m)	عين
leito (m) do rio	magra el nahr (m)	مجرى النهر
bacia (f)	ḥoḍe (m)	حوض
desaguar no ...	ṣabb fe ...	صبّ في...
afluente (m)	rāfed (m)	رافد
margem (do rio)	ḍaffa (f)	ضفّة
corrente (f)	tayār (m)	تيّار
rio abaixo	maʿ ettigāh magra el nahr	مع إتّجاه مجرى النهر
rio acima	ḍed el tayār	ضد التيار
inundação (f)	ɣamr (m)	غمر
cheia (f)	fayaḍān (m)	فيضان
transbordar (vi)	fāḍ	فاض
inundar (vt)	ɣamar	غمر
banco (m) de areia	meyāh ḍaḥla (f)	مياه ضحلة
rápidos (m pl)	monḥadar el nahr (m)	منحدر النهر
barragem (f)	sadd (m)	سدّ
canal (m)	qanah (f)	قناة
reservatório (m) de água	χazzān māʾy (m)	خزّان مائي
eclusa (f)	bawwāba qanṭara (f)	بوّابة قنطرة

corpo (m) de água	berka (f)	بركة
pântano (m)	mostanqa' (m)	مستنقع
tremedal (m)	mostanqa' (m)	مستنقع
remoinho (m)	dawwāma (f)	دوّامة
arroio, regato (m)	gadwal (m)	جدوَل
potável	el ʃorb	الشرب
doce (água)	'azb	عذب
gelo (m)	galīd (m)	جليد
congelar-se (vr)	etgammed	إتجمّد

130. Nomes de rios

rio Sena (m)	el seyn (m)	السين
rio Loire (m)	el lua:r (m)	اللوار
rio Tamisa (m)	el teymz (m)	التيمز
rio Reno (m)	el rayn (m)	الراين
rio Danúbio (m)	el danūb (m)	الدانوب
rio Volga (m)	el volga (m)	الفولغا
rio Don (m)	el done (m)	الدون
rio Lena (m)	lena (m)	لينا
rio Amarelo (m)	el nahr el aṣfar (m)	النهر الأصفر
rio Yangtzé (m)	el yangesty (m)	اليانغستي
rio Mekong (m)	el mekong (m)	الميكونغ
rio Ganges (m)	el ɣang (m)	الغانج
rio Nilo (m)	el nīl (m)	النيل
rio Congo (m)	el kongo (m)	الكونغو
rio Cubango (m)	okavango (m)	أوكافانجو
rio Zambeze (m)	el zambizi (m)	الزمبيزي
rio Limpopo (m)	limbobo (m)	ليمبوبو
rio Mississípi (m)	el mississibbi (m)	الميسيسيبي

131. Floresta

floresta (f), bosque (m)	ɣāba (f)	غابة
florestal	ɣāba	غابة
mata (f) cerrada	ɣāba kasīfa (f)	غابة كثيفة
arvoredo (m)	bostān (m)	بستان
clareira (f)	ezālet el ɣābāt (f)	إزالة الغابات
matagal (m)	agama (f)	أجمة
mato (m)	arāḍy el ʃogayrāt (pl)	أراضي الشجيرات
vereda (f)	mamarr (m)	ممرّ
ravina (f)	wādy ḍaye' (m)	وادي ضيّق
árvore (f)	ʃagara (f)	شجرة

folha (f)	wara'a (f)	ورقة
folhagem (f)	wara' (m)	ورق
queda (f) das folhas	tasā'oṭ el awrā' (m)	تساقط الأوراق
cair (vi)	saqaṭ	سقط
topo (m)	ra's (m)	رأس
ramo (m)	ɣoṣn (m)	غصن
galho (m)	ɣoṣn ra'īsy (m)	غصن رئيسي
botão, rebento (m)	bor'om (m)	برعم
agulha (f)	ʃawka (f)	شوكة
pinha (f)	kūz el ṣnowbar (m)	كوز الصنوبر
buraco (m) de árvore	gofe (m)	جوف
ninho (m)	'eʃ (m)	عشّ
toca (f)	goḥr (m)	جحر
tronco (m)	gez' (m)	جذع
raiz (f)	gezr (m)	جذر
casca (f) de árvore	leḥā' (m)	لحاء
musgo (m)	ṭaḥlab (m)	طحلب
arrancar pela raiz	eqtala'	إقتلع
cortar (vt)	'aṭṭa'	قطّع
desflorestar (vt)	azāl el ɣabāt	أزال الغابات
toco, cepo (m)	gez' el ʃagara (m)	جذع الشجرة
fogueira (f)	nār moχayem (m)	نار مخيّم
incêndio (m) florestal	ḥarī' ɣāba (m)	حريق غابة
apagar (vt)	ṭaffa	طفّى
guarda-florestal (m)	ḥāres el ɣāba (m)	حارس الغابة
proteção (f)	ḥemāya (f)	حماية
proteger (a natureza)	ḥama	حمى
caçador (m) furtivo	sāre' el ṣeyd (m)	سارق الصيد
armadilha (f)	maṣyada (f)	مصيّدة
colher (cogumelos, bagas)	gamma'	جمّع
perder-se (vr)	tāh	تاه

132. Recursos naturais

recursos (m pl) naturais	sarawāt ṭabi'iya (pl)	ثروات طبيعيّة
minerais (m pl)	ma'āden (pl)	معادن
depósitos (m pl)	rawāseb (pl)	رواسب
jazida (f)	ḥaql (m)	حقل
extrair (vt)	estaχrag	إستخرج
extração (f)	esteχrāg (m)	إستخراج
minério (m)	χām (m)	خام
mina (f)	mangam (m)	منجم
poço (m) de mina	mangam (m)	منجم
mineiro (m)	'āmel mangam (m)	عامل منجم
gás (m)	ɣāz (m)	غاز

gasoduto (m)	χaṭṭ anabīb γāz (m)	خطّ أنابيب غاز
petróleo (m)	nafṭ (m)	نفط
oleoduto (m)	anabīb el nafṭ (pl)	أنابيب النفط
poço (m) de petróleo	bīr el nafṭ (m)	بير النفط
torre (f) petrolífera	ḥaffāra (f)	حفّارة
petroleiro (m)	nāqelet betrūl (f)	ناقلة بترول
areia (f)	raml (m)	رمل
calcário (m)	ḥagar el kals (m)	حجر الكلس
cascalho (m)	ḥaṣa (m)	حصى
turfa (f)	χaθ faḥm nabāty (m)	خث فحم نباتي
argila (f)	ṭīn (m)	طين
carvão (m)	faḥm (m)	فحم
ferro (m)	ḥadīd (m)	حديد
ouro (m)	dahab (m)	ذهب
prata (f)	faḍḍa (f)	فضّة
níquel (m)	nikel (m)	نيكل
cobre (m)	neḥās (m)	نحاس
zinco (m)	zink (m)	زنك
manganês (m)	manganīz (m)	منجنيز
mercúrio (m)	ze'baq (m)	زئبق
chumbo (m)	roṣāṣ (m)	رصاص
mineral (m)	ma'dan (m)	معدن
cristal (m)	kristāl (m)	كريستال
mármore (m)	roχām (m)	رخام
urânio (m)	yuranuim (m)	يورانيوم

A Terra. Parte 2

133. Tempo

tempo (m)	ṭa's (m)	طقس
previsão (f) do tempo	naʃra gawiya (f)	نشرة جوّية
temperatura (f)	ḥarāra (f)	حرارة
termómetro (m)	termometr (m)	ترمومتر
barómetro (m)	barometr (m)	بارومتر
húmido	roṭob	رطب
humidade (f)	roṭūba (f)	رطوبة
calor (m)	ḥarāra (f)	حرارة
cálido	ḥarr	حارّ
está muito calor	el gaww ḥarr	الجّو حرّ
está calor	el gaww dafa	الجوّ دفا
quente	dāfe'	دافئ
está frio	el gaww bāred	الجوّ بارد
frio	bāred	بارد
sol (m)	ʃams (f)	شمس
brilhar (vi)	nawwar	نوّر
de sol, ensolarado	moʃmes	مشمس
nascer (vi)	ʃara'	شرق
pôr-se (vr)	ɣarab	غرب
nuvem (f)	saḥāba (f)	سحابة
nublado	meɣayem	مغيّم
nuvem (f) preta	saḥābet maṭar (f)	سحابة مطر
escuro, cinzento	meɣayem	مغيّم
chuva (f)	maṭar (m)	مطر
está a chover	el donia betmaṭṭar	الدنيا بتمطّر
chuvoso	momṭer	ممطر
chuviscar (vi)	maṭṭaret razāz	مطّرت رذاذ
chuva (f) torrencial	maṭar monhamer (f)	مطر منهمر
chuvada (f)	maṭar ɣazīr (m)	مطر غزير
forte (chuva)	ʃedīd	شديد
poça (f)	berka (f)	بركة
molhar-se (vr)	ettbal	إتّبل
nevoeiro (m)	ʃabbūra (f)	شبّورة
de nevoeiro	fih ʃabbūra	فيه شبّورة
neve (f)	talg (m)	ثلج
está a nevar	fih talg	فيه ثلج

134. Tempo extremo. Catástrofes naturais

trovoada (f)	'āṣefa ra'diya (f)	عاصفة رعدية
relâmpago (m)	bar' (m)	برق
relampejar (vi)	baraq	برق
trovão (m)	ra'd (m)	رعد
trovejar (vi)	dawa	دوّى
está a trovejar	el samā' dawat ra'd (f)	السماء دوّت رعد
granizo (m)	maṭar bard (m)	مطر برد
está a cair granizo	maṭṭaret bard	مطّرت برد
inundar (vt)	ɣamar	غمر
inundação (f)	fayaḍān (m)	فيضان
terremoto (m)	zelzāl (m)	زلزال
abalo, tremor (m)	hazza arḍiya (f)	هزّة أرضية
epicentro (m)	markaz el zelzāl (m)	مركز الزلزال
erupção (f)	sawarān (m)	ثوّران
lava (f)	ḥomam borkāniya (pl)	حمم بركانية
turbilhão, tornado (m)	e'ṣār (m)	إعصار
tufão (m)	tyfūn (m)	طوفان
furacão (m)	e'ṣār (m)	إعصار
tempestade (f)	'āṣefa (f)	عاصفة
tsunami (m)	tsunāmy (m)	تسونامي
ciclone (m)	e'ṣār (m)	إعصار
mau tempo (m)	ṭa's saye' (m)	طقس سيئ
incêndio (m)	ḥarī' (m)	حريق
catástrofe (f)	karsa (f)	كارثة
meteorito (m)	nayzek (m)	نيّزك
avalanche (f)	enheyār talgy (m)	إنهيار ثلجي
deslizamento (m) de neve	enheyār talgy (m)	إنهيار ثلجي
nevasca (f)	'āṣefa talgiya (f)	عاصفة ثلجيّة
tempestade (f) de neve	'āṣefa talgiya (f)	عاصفة ثلجيّة

Fauna

135. Mamíferos. Predadores

predador (m)	moftares (m)	مفترس
tigre (m)	nemr (m)	نمر
leão (m)	asad (m)	أسد
lobo (m)	ze'b (m)	ذئب
raposa (f)	ta'lab (m)	ثعلب
jaguar (m)	nemr amrīky (m)	نمر أمريكي
leopardo (m)	fahd (m)	فهد
chita (f)	fahd ṣayād (m)	فهد صيّاد
pantera (f)	nemr aswad (m)	نمر أسوّد
puma (m)	asad el gebāl (m)	أسد الجبال
leopardo-das-neves (m)	nemr el tolūg (m)	نمر الثلوج
lince (m)	waʃaq (m)	وشق
coiote (m)	qayūṭ (m)	قيوط
chacal (m)	ebn 'āwy (m)	ابن آوى
hiena (f)	ḍeb' (m)	ضبع

136. Animais selvagens

animal (m)	ḥayawān (m)	حيوان
besta (f)	waḥʃ (m)	وحش
esquilo (m)	sengāb (m)	سنجاب
ouriço (m)	qonfoz (m)	قنفذ
lebre (f)	arnab barry (m)	أرنب برّي
coelho (m)	arnab (m)	أرنب
texugo (m)	ɣarīr (m)	غرير
guaxinim (m)	rakūn (m)	راكون
hamster (m)	hamster (m)	هامستر
marmota (f)	marmoṭ (m)	مرموط
toupeira (f)	χold (m)	خلد
rato (m)	fār (m)	فأر
ratazana (f)	gerz (m)	جرذ
morcego (m)	χoffāʃ (m)	خفّاش
arminho (m)	qāqem (m)	قاقِم
zibelina (f)	sammūr (m)	سمّور
marta (f)	fara'īāt (m)	فرائيات
doninha (f)	ebn 'ers (m)	ابن عرس
vison (m)	mink (m)	منك

castor (m)	qondos (m)	قندس
lontra (f)	ta'lab maya (m)	ثعلب الميّة
cavalo (m)	ḥoṣān (m)	حصان
alce (m)	eyl el mūz (m)	أيّل الموظ
veado (m)	ayl (m)	أيل
camelo (m)	gamal (m)	جمل
bisão (m)	bison (m)	بيسون
auroque (m)	byson orobby (m)	بيسون أوروبي
búfalo (m)	gamūs (m)	جاموس
zebra (f)	ḥomār waḥʃy (m)	حمار وحشي
antílope (m)	ẓaby (m)	ظبي
corça (f)	yaḥmūr orobby (m)	يحمور أوروبيّ
gamo (m)	eyl asmar orobby (m)	أيّل أسمر أوروبي
camurça (f)	ʃamwah (f)	شاmواه
javali (m)	χenzīr barry (m)	خنزير برّي
baleia (f)	ḥūt (m)	حوت
foca (f)	foqma (f)	فقمة
morsa (f)	el kab' (m)	الكبع
urso-marinho (m)	foqmet el farā' (f)	فقمة الفراء
golfinho (m)	dolfīn (m)	دولفين
urso (m)	dobb (m)	دبّ
urso (m) branco	dobb 'oṭṭby (m)	دبّ قطبي
panda (m)	banda (m)	باندا
macaco (em geral)	'erd (m)	قرد
chimpanzé (m)	ʃimbanzy (m)	شيمبانزي
orangotango (m)	orangutan (m)	أورنغوتان
gorila (m)	ɣorella (f)	غوريلا
macaco (m)	'erd el makāk (m)	قرد المكاك
gibão (m)	gibbon (m)	جيبون
elefante (m)	fīl (m)	فيل
rinoceronte (m)	χartīt (m)	خرتيت
girafa (f)	zarāfa (f)	زرافة
hipopótamo (m)	faras el nahr (m)	فرس النهر
canguru (m)	kangarū (m)	كانجّارو
coala (m)	el koala (m)	الكوالا
mangusto (m)	nems (m)	نمس
chinchila (m)	ʃenʃīla (f)	شنشيلة
doninha-fedorenta (f)	ẓerbān (m)	ظربان
porco-espinho (m)	nīṣ (m)	نيص

137. Animais domésticos

gata (f)	'oṭṭa (f)	قطّة
gato (m) macho	'oṭṭ (m)	قطّ
cão (m)	kalb (m)	كلب

cavalo (m)	ḥoṣān (m)	حصان
garanhão (m)	χeyl faḥl (m)	خيل فحل
égua (f)	faras (f)	فرس
vaca (f)	ba'ara (f)	بقرة
touro (m)	sore (m)	ثور
boi (m)	sore (m)	ثور
ovelha (f)	χarūf (f)	خروف
carneiro (m)	kebʃ (m)	كبش
cabra (f)	me'za (f)	معزة
bode (m)	mā'ez zakar (m)	ماعز ذكر
burro (m)	ḥomār (m)	حمار
mula (f)	baɣl (m)	بغل
porco (m)	χenzīr (m)	خنزير
leitão (m)	χannūṣ (m)	خنّوص
coelho (m)	arnab (m)	أرنب
galinha (f)	farχa (f)	فرخة
galo (m)	dīk (m)	ديك
pata (f)	baṭṭa (f)	بطّة
pato (macho)	dakar el baṭṭ (m)	ذكر البط
ganso (m)	wezza (f)	وزّة
peru (m)	dīk rūmy (m)	ديك رومي
perua (f)	dīk rūmy (m)	ديك رومي
animais (m pl) domésticos	ḥayawānāt dawāgen (pl)	حيوانات دواجن
domesticado	alīf	أليف
domesticar (vt)	rawweḍ	روّض
criar (vt)	rabba	ربّى
quinta (f)	mazra'a (f)	مزرعة
aves (f pl) domésticas	dawāgen (pl)	دواجن
gado (m)	māʃeya (f)	ماشية
rebanho (m), manada (f)	qaṭee' (m)	قطيع
estábulo (m)	esṭabl χeyl (m)	إسطبل خيل
pocilga (f)	ḥazīret χanazīr (f)	حظيرة الخنازير
estábulo (m)	zerībet el ba'ar (f)	زريبة البقر
coelheira (f)	qan el arāneb (m)	قن الأرانب
galinheiro (m)	qan el ferāχ (m)	قن الفراخ

138. Pássaros

pássaro (m), ave (f)	ṭā'er (m)	طائر
pombo (m)	ḥamāma (f)	حمامة
pardal (m)	'aṣfūr dawri (m)	عصفور دوري
chapim-real (m)	qarqaf (m)	قرقف
pega-rabuda (f)	'a''a' (m)	عقعق
corvo (m)	ɣorāb aswad (m)	غراب أسود

gralha (f) cinzenta	ɣorāb (m)	غراب
gralha-de-nuca-cinzenta (f)	zāɣ zarʿy (m)	زاغ زرعي
gralha-calva (f)	ɣorāb el qeyẓ (m)	غراب القيظ
pato (m)	baṭṭa (f)	بطّة
ganso (m)	wezza (f)	وزّة
faisão (m)	tadarrog (m)	تدرج
águia (f)	ʿeqāb (m)	عقاب
açor (m)	el bāz (m)	الباز
falcão (m)	ṣaʾr (m)	صقر
abutre (m)	nesr (m)	نسر
condor (m)	kondor (m)	كندور
cisne (m)	el temm (m)	التمّ
grou (m)	karkiya (m)	كركية
cegonha (f)	loqloq (m)	لقلق
papagaio (m)	babaɣāʾ (m)	ببغاء
beija-flor (m)	ṭannān (m)	طنّان
pavão (m)	ṭawūs (m)	طاووس
avestruz (m)	naʿāma (f)	نعامة
garça (f)	belʃone (m)	بلشون
flamingo (m)	flamingo (m)	فلامينجو
pelicano (m)	bagʿa (f)	بجعة
rouxinol (m)	ʿandalīb (m)	عندليب
andorinha (f)	el sonūnū (m)	السنونو
tordo-zornal (m)	somnet el ḥoqūl (m)	سمنة الحقول
tordo-músico (m)	somna moɣarreda (m)	سمنة مغرّدة
melro-preto (m)	ʃaḥrūr aswad (m)	شحرور أسود
andorinhão (m)	semmāma (m)	سمّامة
cotovia (f)	qabra (f)	قبرة
codorna (f)	semmān (m)	سمّان
pica-pau (m)	naʾār el χaʃab (m)	نقار الخشب
cuco (m)	weqwāq (m)	وقواق
coruja (f)	būma (f)	بومة
corujão, bufo (m)	būm orāsy (m)	بوم أوراسي
tetraz-grande (m)	dīk el χalang (m)	ديك الخلنج
tetraz-lira (m)	ṭyhūg aswad (m)	طيهوج أسود
perdiz-cinzenta (f)	el ḥagal (m)	الحجل
estorninho (m)	zerzūr (m)	زرزور
canário (m)	kanāry (m)	كناري
galinha-do-mato (f)	ṭyhūg el bondoʾ (m)	طيهوج البندق
tentilhão (m)	ʃarʃūr (m)	شرشور
dom-fafe (m)	deɣnāʃ (m)	دغناش
gaivota (f)	nawras (m)	نورس
albatroz (m)	el qoṭros (m)	القطرس
pinguim (m)	beṭrīq (m)	بطريق

139. Peixes. Animais marinhos

brema (f)	abramīs (m)	أبراميس
carpa (f)	ʃabbūṭ (m)	شبّوط
perca (f)	farχ (m)	فرخ
siluro (m)	'armūṭ (m)	قرموط
lúcio (m)	karāky (m)	كراكي
salmão (m)	salamon (m)	سلمون
esturjão (m)	ḥafʃ (m)	حفش
arenque (m)	renga (f)	رنجة
salmão (m)	salamon aṭlasy (m)	سلمون أطلسي
cavala, sarda (f)	makerel (m)	ماكريل
solha (f)	samak mefalṭah (f)	سمك مفلطح
lúcio perca (m)	samak sandar (m)	سمك سندر
bacalhau (m)	el qadd (m)	القد
atum (m)	tuna (f)	تونة
truta (f)	salamon mera''aṭ (m)	سلمون مرقّط
enguia (f)	ḥankalīs (m)	حنكليس
raia elétrica (f)	ra'ād (m)	رعاد
moreia (f)	moraya (f)	مورايية
piranha (f)	bīrana (f)	بيرانا
tubarão (m)	'erʃ (m)	قرش
golfinho (m)	dolfīn (m)	دولفين
baleia (f)	ḥūt (m)	حوت
caranguejo (m)	kaboria (m)	كابوريا
medusa, alforreca (f)	'andīl el baḥr (m)	قنديل البحر
polvo (m)	aχṭabūṭ (m)	أخطبوط
estrela-do-mar (f)	negmet el baḥr (f)	نجمة البحر
ouriço-do-mar (m)	qonfoz el baḥr (m)	قنفذ البحر
cavalo-marinho (m)	ḥoṣān el baḥr (m)	حصان البحر
ostra (f)	maḥār (m)	محار
camarão (m)	gammbary (m)	جمّبري
lavagante (m)	estakoza (f)	استكوزا
lagosta (f)	estakoza (m)	استاكوزا

140. Amfíbios. Répteis

serpente, cobra (f)	te'bān (m)	ثعبان
venenoso	sām	سام
víbora (f)	af'a (f)	أفعى
cobra-capelo, naja (f)	kobra (m)	كوبرا
pitão (m)	te'bān byton (m)	ثعبان بايثون
jiboia (f)	bawā' el 'aṣera (f)	بواء العاصرة
cobra-de-água (f)	te'bān el 'oʃb (m)	ثعبان العشب

cascavel (f)	afʻa megalgela (f)	أفعى مجلجلة
anaconda (f)	anakonda (f)	أناكوندا
lagarto (m)	seḥliya (f)	سحليّة
iguana (f)	eɣwana (f)	إغوانة
varano (m)	warl (m)	ورل
salamandra (f)	salamander (m)	سلمندر
camaleão (m)	ḥerbāya (f)	حرباية
escorpião (m)	ʻaʼrab (m)	عقرب
tartaruga (f)	solḥefah (f)	سلحفاة
rã (f)	ḍeffḍaʻ (m)	ضفدع
sapo (m)	ḍeffḍaʻ el ṭeyn (m)	ضفدع الطين
crocodilo (m)	temsāḥ (m)	تمساح

141. Insetos

inseto (m)	ḥaʃara (f)	حشرة
borboleta (f)	farāʃa (f)	فراشة
formiga (f)	namla (f)	نملة
mosca (f)	debbāna (f)	دبّانة
mosquito (m)	namūsa (f)	ناموسة
escaravelho (m)	χonfesa (f)	خنفسة
vespa (f)	dabbūr (m)	دبّور
abelha (f)	naḥla (f)	نحلة
mamangava (f)	naḥla ṭannāna (f)	نحلة طنّانة
moscardo (m)	naʻra (f)	نعرة
aranha (f)	ʻankabūt (m)	عنكبوت
teia (f) de aranha	nasīg ʻankabūt (m)	نسيج عنكبوت
libélula (f)	yaʻsūb (m)	يعسوب
gafanhoto-do-campo (m)	garād (m)	جراد
traça (f)	ʻetta (f)	عثّة
barata (f)	ṣarṣūr (m)	صرصور
carraça (f)	qarāda (f)	قرادة
pulga (f)	barɣūt (m)	برغوث
borrachudo (m)	baʻūḍa (f)	بعوضة
gafanhoto (m)	garād (m)	جراد
caracol (m)	ḥalazōn (m)	حلزون
grilo (m)	ṣarṣūr el ḥaql (m)	صرصور الحقل
pirilampo (m)	yarāʻa (f)	يراعة
joaninha (f)	χonfesa menaʼṭṭa (f)	خنفسة منقّطة
besouro (m)	χonfesa motlefa lel nabāt (f)	خنفسة متلفة للنبات
sanguessuga (f)	ʻalaqa (f)	علقة
lagarta (f)	yasrūʻ (m)	يسروع
minhoca (f)	dūda (f)	دودة
larva (f)	yaraqa (f)	يرقة

Flora

142. Árvores

árvore (f)	ʃagara (f)	شجرة
decídua	nafḍiya	نفضيّة
conífera	ṣonoberiya	صنوبرية
perene	dā'emet el χoḍra	دائمة الخضرة
macieira (f)	ʃagaret toffāḥ (f)	شجرة تفّاح
pereira (f)	ʃagaret komettra (f)	شجرة كمثّرى
cerejeira, ginjeira (f)	ʃagaret karaz (f)	شجرة كرز
ameixeira (f)	ʃagaret bar'ū' (f)	شجرة برقوق
bétula (f)	batola (f)	بتولا
carvalho (m)	ballūṭ (f)	بلّوط
tília (f)	zayzafūn (f)	زيزفون
choupo-tremedor (m)	ḥūr rāgef	حور راجف
bordo (m)	qayqab (f)	قيقب
espruce-europeu (m)	rateng (f)	راتينج
pinheiro (m)	ṣonober (f)	صنوبر
alerce, lariço (m)	arziya (f)	أرزية
abeto (m)	tanūb (f)	تنوب
cedro (m)	el orz (f)	الأرز
choupo, álamo (m)	ḥūr (f)	حور
tramazeira (f)	ɣobayrā' (f)	غبيراء
salgueiro (m)	ṣefsāf (f)	صفصاف
amieiro (m)	gār el mā' (m)	جار الماء
faia (f)	el zān (f)	الزان
ulmeiro (m)	derdar (f)	دردار
freixo (m)	marān (f)	مران
castanheiro (m)	kastanā' (f)	كستناء
magnólia (f)	maɣnolia (f)	ماغنوليا
palmeira (f)	naχla (f)	نخلة
cipreste (m)	el soro (f)	السرو
mangue (m)	mangrūf (f)	مانجروف
embondeiro, baobá (m)	baobab (f)	باوباب
eucalipto (m)	eukalyptus (f)	أوكالبتوس
sequoia (f)	sequoia (f)	سيكويا

143. Arbustos

arbusto (m)	ʃogeyra (f)	شجيرة
arbusto (m), moita (f)	ʃogayrāt (pl)	شجيرات

videira (f)	karma (f)	كرمة
vinhedo (m)	karam (m)	كرم
framboeseira (f)	zar'et tūt el 'alī' el aḥmar (f)	زرعة توت العليق الأحمر
groselheira-vermelha (f)	keʃmeʃ aḥmar (m)	كشمش أحمر
groselheira (f) espinhosa	'enab el sa'lab (m)	عنب الثعلب
acácia (f)	aqaqia (f)	أقاقيا
bérberis (f)	berbarīs (m)	برباريس
jasmim (m)	yasmīn (m)	ياسمين
junípero (m)	'ar'ar (m)	عرعر
roseira (f)	ʃogeyret ward (f)	شجيرة ورد
roseira (f) brava	ward el seyāg (pl)	ورد السياج

144. Frutos. Bagas

fruta (f)	tamra (f)	تمرة
frutas (f pl)	tamr (m)	تمر
maçã (f)	toffāḥa (f)	تفّاحة
pera (f)	komettra (f)	كمّثرى
ameixa (f)	bar'ū' (m)	برقوق
morango (m)	farawla (f)	فراولة
ginja, cereja (f)	karaz (m)	كرز
uva (f)	'enab (m)	عنب
framboesa (f)	tūt el 'alī' el aḥmar (m)	توت العليق الأحمر
groselha (f) preta	keʃmeʃ aswad (m)	كشمش أسود
groselha (f) vermelha	keʃmeʃ aḥmar (m)	كشمش أحمر
groselha (f) espinhosa	'enab el sa'lab (m)	عنب الثعلب
oxicoco (m)	'enabiya ḥāda el χebā' (m)	عنبية حادة الخباء
laranja (f)	bortoqāl (m)	برتقال
tangerina (f)	yosfy (m)	يوسفي
ananás (m)	ananās (m)	أناناس
banana (f)	moze (m)	موز
tâmara (f)	tamr (m)	تمر
limão (m)	lymūn (m)	ليمون
damasco (m)	meʃmeʃ (f)	مشمش
pêssego (m)	χawχa (f)	خوخة
kiwi (m)	kiwi (m)	كيوي
toranja (f)	grabe frūt (m)	جريب فروت
baga (f)	tūt (m)	توت
bagas (f pl)	tūt (pl)	توت
arando (m) vermelho	'enab el sore (m)	عنب الثور
morango-silvestre (m)	farawla barriya (f)	فراولة بريّة
mirtilo (m)	'enab al aḥrāg (m)	عنب الأحراج

145. Flores. Plantas

flor (f)	zahra (f)	زهرة
ramo (m) de flores	bokeyh (f)	بوكيه
rosa (f)	warda (f)	وردة
tulipa (f)	tolīb (f)	توليب
cravo (m)	'oronfol (m)	قرنفل
gladíolo (m)	el dalbūs (f)	الدّلبُوث
centáurea (f)	qanṭeryūn 'anbary (m)	قنطريون عنبري
campânula (f)	garīs mostadīr el awrā' (m)	جريس مستدير الأوراق
dente-de-leão (m)	handabā' (f)	هندباء
camomila (f)	kamomile (f)	كاموميل
aloé (m)	el alowa (m)	الألوّة
cato (m)	ṣabbār (m)	صبّار
fícus (m)	faykas (m)	فيكس
lírio (m)	zanbaq (f)	زنبق
gerânio (m)	ɣarnūqy (f)	غرنوقي
jacinto (m)	el lavender (f)	اللافندر
mimosa (f)	mimoza (f)	ميموزا
narciso (m)	nerges (f)	نرجس
capuchinha (f)	abo χangar (f)	أبو خنجر
orquídea (f)	orkid (f)	أوركيد
peónia (f)	fawnia (f)	فاوانيا
violeta (f)	el banafseg (f)	البنفسج
amor-perfeito (m)	bansy (f)	بانسي
não-me-esqueças (m)	'āzān el fa'r (pl)	آذان الفأر
margarida (f)	aqwaḥān (f)	أقحوان
papoula (f)	el χoʃχāʃ (f)	الخشخاش
cânhamo (m)	qanb (m)	قنب
hortelã (f)	ne'nā' (m)	نعناع
lírio-do-vale (m)	zanbaq el wādy (f)	زنبق الوادي
campânula-branca (f)	zahrat el laban (f)	زهرة اللبن
urtiga (f)	'arrāṣ (m)	قرّاص
azeda (f)	ḥammāḍ bostāny (m)	حمّاض بستاني
nenúfar (m)	niloferiya (f)	نيلوفرية
feto (m), samambaia (f)	sarχas (m)	سرخس
líquen (m)	aʃna (f)	أشنة
estufa (f)	ṣoba (f)	صوبة
relvado (m)	'oʃb aχḍar (m)	عشب أخضر
canteiro (m) de flores	geneynet zohūr (f)	جنينة زهور
planta (f)	nabāt (m)	نبات
erva (f)	'oʃb (m)	عشب
folha (f) de erva	'oʃba (f)	عشبة

folha (f)	wara'a (f)	ورقة
pétala (f)	wara'et el zahra (f)	ورقة الزهرة
talo (m)	sāq (f)	ساق
tubérculo (m)	darna (f)	درنة
broto, rebento (m)	nabta saɣīra (f)	نبتة صغيرة
espinho (m)	ʃawka (f)	شوكة
florescer (vi)	fattaḥet	فتّحت
murchar (vi)	debel	ذبل
cheiro (m)	rīḥa (f)	ريحة
cortar (flores)	'aṭa'	قطع
colher (uma flor)	'aṭaf	قطف

146. Cereais, grãos

grão (m)	ḥobūb (pl)	حبوب
cereais (plantas)	maḥaṣīl el ḥubūb (pl)	محاصيل الحبوب
espiga (f)	sonbola (f)	سنبلة
trigo (m)	'amḥ (m)	قمح
centeio (m)	ʃelm mazrū' (m)	شيلم مزروع
aveia (f)	ʃofān (m)	شوفان
milho-miúdo (m)	el deχn (m)	الدُخن
cevada (f)	ʃe'īr (m)	شعير
milho (m)	dora (f)	ذرة
arroz (m)	rozz (m)	رزّ
trigo-sarraceno (m)	ḥanṭa soda' (f)	حنطة سوداء
ervilha (f)	besella (f)	بسلّة
feijão (m)	faṣolya (f)	فاصوليا
soja (f)	fūl el ṣoya (m)	فول الصويا
lentilha (f)	'ads (m)	عدس
fava (f)	fūl (m)	فول

PAÍSES. NACIONALIDADES

147. Europa Ocidental

Europa (f)	orobba (f)	أوروبّا
União (f) Europeia	el etteḥād el orobby (m)	الإتّحاد الأوروبّي
Áustria (f)	el nemsa (f)	النمسا
Grã-Bretanha (f)	briṭaniya el ʿozma (f)	بريطانيا العظمى
Inglaterra (f)	engeltera (f)	إنجلترا
Bélgica (f)	balʒīka (f)	بلجيكا
Alemanha (f)	almānya (f)	ألمانيا
Países (m pl) Baixos	holanda (f)	هولندا
Holanda (f)	holanda (f)	هولندا
Grécia (f)	el yunān (f)	اليونان
Dinamarca (f)	el denmark (f)	الدنمارك
Irlanda (f)	irelanda (f)	أيرلندا
Islândia (f)	ʾāyslanda (f)	آيسلندا
Espanha (f)	asbānya (f)	إسبانيا
Itália (f)	eṭālia (f)	إيطاليا
Chipre (m)	ʾobroṣ (f)	قبرص
Malta (f)	malṭa (f)	مالطا
Noruega (f)	el nerwīg (f)	النرويج
Portugal (m)	el bortoɣāl (f)	البرتغال
Finlândia (f)	finlanda (f)	فنلندا
França (f)	faransa (f)	فرنسا
Suécia (f)	el sweyd (f)	السويد
Suíça (f)	swesra (f)	سويسرا
Escócia (f)	oskotlanda (f)	اسكتلندا
Vaticano (m)	el vatikān (m)	الفاتيكان
Liechtenstein (m)	liʃtenʃtayn (m)	ليشتنشتاين
Luxemburgo (m)	luksemburg (f)	لوكسمبورج
Mónaco (m)	monako (f)	موناكو

148. Europa Central e de Leste

Albânia (f)	albānia (f)	ألبانيا
Bulgária (f)	bolɣāria (f)	بلغاريا
Hungria (f)	el magar (f)	المجر
Letónia (f)	latvia (f)	لاتفيا
Lituânia (f)	litwānia (f)	ليتوانيا
Polónia (f)	bolanda (f)	بولندا

Roménia (f)	romānia (f)	رومانيا
Sérvia (f)	ṣerbia (f)	صربيا
Eslováquia (f)	slovākia (f)	سلوفاكيا
Croácia (f)	kroātya (f)	كرواتيا
República (f) Checa	gomhoriya el tʃīk (f)	جمهورية التشيك
Estónia (f)	estūnia (f)	إستونيا
Bósnia e Herzegovina (f)	el bosna wel harsek (f)	البوسنة والهرسك
Macedónia (f)	maqdūnia (f)	مقدونيا
Eslovénia (f)	slovenia (f)	سلوفينيا
Montenegro (m)	el gabal el aswad (m)	الجبل الأسوّد

149. Países da ex-URSS

Azerbaijão (m)	azrabiʒān (m)	أذربيجان
Arménia (f)	armīnia (f)	أرمينيا
Bielorrússia (f)	belarūsia (f)	بيلاروسيا
Geórgia (f)	ʒorʒia (f)	جورجيا
Cazaquistão (m)	kazaχistān (f)	كازاخستّان
Quirguistão (m)	qirɣizestān (f)	قيرغيزستان
Moldávia (f)	moldāvia (f)	مولدافيا
Rússia (f)	rūsya (f)	روسيا
Ucrânia (f)	okrānia (f)	أوكرانيا
Tajiquistão (m)	ṭaʒīkistan (f)	طاجيكستان
Turquemenistão (m)	turkmānistān (f)	تركمانستان
Uzbequistão (f)	uzbakistān (f)	أوزبكستان

150. Asia

Ásia (f)	asya (f)	آسيا
Vietname (m)	vietnām (f)	فيتنام
Índia (f)	el hend (f)	الهند
Israel (m)	isra'īl (f)	إسرائيل
China (f)	el ṣīn (f)	الصين
Líbano (m)	lebnān (f)	لبنان
Mongólia (f)	manɣūlia (f)	منغوليا
Malásia (f)	malīzya (f)	ماليزيا
Paquistão (m)	bakistān (f)	باكستان
Arábia (f) Saudita	el soʿodiya (f)	السعوديّة
Tailândia (f)	tayland (f)	تايلاند
Taiwan (m)	taywān (f)	تايوان
Turquia (f)	turkia (f)	تركيا
Japão (m)	el yabān (f)	اليابان
Afeganistão (m)	afɣanistan (f)	أفغانستان
Bangladesh (m)	bangladeʃ (f)	بنجلاديش

Indonésia (f)	indonisya (f)	إندونيسيا
Jordânia (f)	el ordon (m)	الأردن
Iraque (m)	el ʿerāq (m)	العراق
Irão (m)	iran (f)	إيران
Camboja (f)	kambodya (f)	كمبوديا
Kuwait (m)	el kuweyt (f)	الكويت
Laos (m)	laos (f)	لاوس
Myanmar (m), Birmânia (f)	myanmar (f)	ميانمار
Nepal (m)	nebāl (f)	نيبال
Emirados Árabes Unidos	el emārāt el ʿarabiya el mottaḥeda (pl)	الإمارات العربية المتّحدة
Síria (f)	soria (f)	سوريا
Palestina (f)	felesṭīn (f)	فلسطين
Coreia do Sul (f)	korea el ganūbiya (f)	كوريا الجنوبيّة
Coreia do Norte (f)	korea el ʃamāliya (f)	كوريا الشماليّة

151. América do Norte

Estados Unidos da América	el welayāt el mottaḥda el amrīkiya (pl)	الولايات المتّحدة الأمريكيّة
Canadá (m)	kanada (f)	كندا
México (m)	el maksīk (f)	المكسيك

152. América Central do Sul

Argentina (f)	arʒantīn (f)	الأرجنتين
Brasil (m)	el barazīl (f)	البرازيل
Colômbia (f)	kolombia (f)	كولومبيا
Cuba (f)	kūba (f)	كوبا
Chile (m)	tʃīly (f)	تشيلي
Bolívia (f)	bolivia (f)	بوليفيا
Venezuela (f)	venzweyla (f)	فنزويلا
Paraguai (m)	baraguay (f)	باراجواي
Peru (m)	beru (f)	بيرو
Suriname (m)	surinam (f)	سورينام
Uruguai (m)	uruguay (f)	أوروجواي
Equador (m)	el equador (f)	الإكوادور
Bahamas (f pl)	gozor el bahāmas (pl)	جزر البهاماس
Haiti (m)	haīti (f)	هايتي
República (f) Dominicana	gomhoriya el dominikan (f)	جمهوريّة الدومينيكان
Panamá (m)	banama (f)	بنما
Jamaica (f)	ʒamayka (f)	جامايكا

153. Africa

Egito (m)	maṣr (f)	مصر
Marrocos	el mayreb (m)	المغرب
Tunísia (f)	tunis (f)	تونس
Gana (f)	yana (f)	غانا
Zanzibar (m)	zanʒibār (f)	زنجبار
Quénia (f)	kenya (f)	كينيا
Líbia (f)	libya (f)	ليبيا
Madagáscar (m)	madayaʃkar (f)	مدغشقر
Namíbia (f)	namibia (f)	ناميبيا
Senegal (m)	el senyāl (f)	السنغال
Tanzânia (f)	tanznia (f)	تنزانيا
África do Sul (f)	afreqia el ganūbiya (f)	أفريقيا الجنوبيّة

154. Austrália. Oceania

Austrália (f)	ostorālya (f)	أستراليا
Nova Zelândia (f)	nyu zelanda (f)	نيوزيلندا
Tasmânia (f)	tasmania (f)	تاسمانيا
Polinésia Francesa (f)	bolenezia el faransiya (f)	بولينزيا الفرنسيّة

155. Cidades

Amesterdão	amesterdam (f)	امستردام
Ancara	ankara (f)	أنقرة
Atenas	atīna (f)	أثينا
Bagdade	baydād (f)	بغداد
Banguecoque	bangkok (f)	بانكوك
Barcelona	barʃelona (f)	برشلونة
Beirute	beyrut (f)	بيروت
Berlim	berlin (f)	برلين
Bombaim	bombay (f)	بومباى
Bona	bonn (f)	بون
Bordéus	bordu (f)	بوردو
Bratislava	bratislava (f)	براتيسلافا
Bruxelas	broksel (f)	بروكسل
Bucareste	buχarest (f)	بوخارست
Budapeste	budabest (f)	بودابست
Cairo	el qahera (f)	القاهرة
Calcutá	kalkutta (f)	كلكتا
Chicago	ʃikāgo (f)	شيكاجو
Cidade do México	madīnet meksiko (f)	مدينة مكسيكو
Copenhaga	kobenhāgen (f)	كوبنهاجن
Dar es Salaam	dar el salām (f)	دار السلام

Deli	delhi (f)	دلهي
Dubai	dubaī (f)	دبي
Dublin, Dublim	dablin (f)	دبلن
Düsseldorf	dusseldorf (f)	دوسلدورف
Estocolmo	stokχolm (f)	ستوكهولم
Florença	florensa (f)	فلورنسا
Frankfurt	frankfurt (f)	فرانكفورت
Genebra	ʒenive (f)	جنيف
Haia	lahāy (f)	لاهاى
Hamburgo	hamburg (m)	هامبورج
Hanói	hanoy (f)	هانوى
Havana	havana (f)	هافانا
Helsínquia	helsinki (f)	هلسنكي
Hiroshima	hiroʃīma (f)	هيروشيما
Hong Kong	hong kong (f)	هونج كونج
Istambul	isṭanbul (f)	إسطنبول
Jerusalém	el qods (f)	القدس
Kiev	kyiv (f)	كييف
Kuala Lumpur	kuala lumpur (f)	كوالالمبور
Lisboa	laʃbūna (f)	لشبونة
Londres	london (f)	لندن
Los Angeles	los anʒeles (f)	لوس أنجلوس
Lion	lyon (f)	ليون
Madrid	madrīd (f)	مدريد
Marselha	marsilia (f)	مرسيليا
Miami	mayami (f)	ميامي
Montreal	montreal (f)	مونتريال
Moscovo	moskū (f)	موسكو
Munique	muniχ (f)	ميونخ
Nairóbi	nayrobi (f)	نيروبي
Nápoles	naboli (f)	نابولي
Nice	nīs (f)	نيس
Nova York	nyu york (f)	نيويورك
Oslo	oslo (f)	أوسلو
Ottawa	ottawa (f)	أوتاوا
Paris	baris (f)	باريس
Pequim	bekīn (f)	بيكين
Praga	braɣ (f)	براغ
Rio de Janeiro	rio de ʒaneyro (f)	ريو دي جانيرو
Roma	roma (f)	روما
São Petersburgo	sant betersburɣ (f)	سانت بطرسبرغ
Seul	seūl (f)	سيول
Singapura	sinɣafūra (f)	سنغافورة
Sydney	sydney (f)	سيدني
Taipé	taybey (f)	تايبيه
Tóquio	ṭokyo (f)	طوكيو
Toronto	toronto (f)	تورونتو
Varsóvia	warsaw (f)	وارسو

Veneza	venesya (f)	فينيسيا
Viena	vienna (f)	فيينا
Washington	waʃinṭon (f)	واشنطن
Xangai	ʃanghay (f)	شنجهاي

www.ingramcontent.com/pod-product-compliance
Lightning Source LLC
Chambersburg PA
CBHW070603050426
42450CB00011B/2970
* 9 7 8 1 7 8 7 1 6 7 7 4 2 *